JN238353

ASUKA CULTURE

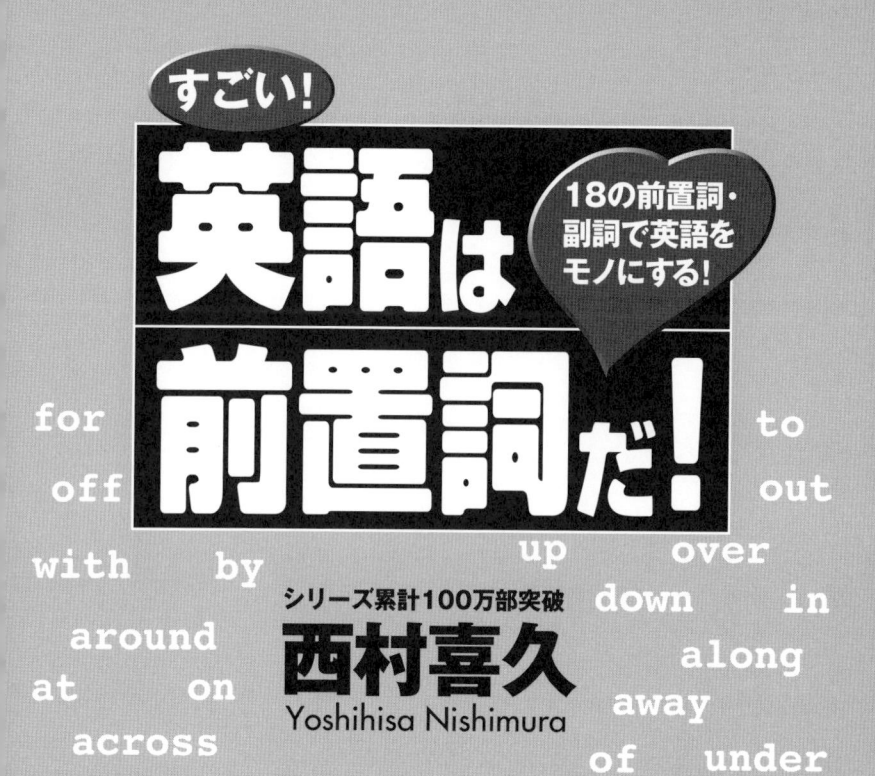

すごい！
英語は前置詞だ！

18の前置詞・副詞で英語をモノにする！

for　　　　　　　　　　　　　to
off　　　　　　　　　　　　　out
with　by　　　　up　over
　　　　シリーズ累計100万部突破　down　in
around　**西村喜久**　along
at　on　Yoshihisa Nishimura　away
across　　　　　of　under

明日香出版社

はじめに

　本書は，前置詞の適切な使い方をマスターすることで，あなたを**『生命が吹き込まれた英語を話せる人』**にする本です。

　「日本人の英会話力向上」に半生をかけた私は，著書の読者さんや，私の講座へ来てくれた生徒さんから数多くのお手紙をいただきます。その手紙の中で圧倒的に多かったのが，**「前置詞の使い方がよくわかりません」**という訴えでした。これは，中学生から社会人まで共通した問題でした。

　中学校の授業でしっかりと前置詞について学習する機会があれば，このようなことにはならないはずなのですが……。日本の英語教育の現場では，前置詞を「脇役」程度にしか思っていないのではないでしょうか。

　スペルが短く，名詞や動詞などに比べると存在感の薄い前置詞。学校ではほんの触り程度しか教えられず，「テキストの暗記のくりかえし」に終始することが常識とされる日本の英語学習では，前置詞の重要性などわかるはずがありません。おお，なんとかわいそうな前置詞……。

　近年，有名企業の社内公用語の英語化が話題となり，日本でも急速に英語のニーズが高まってきました。
　仕事が日本国内完結型だった時代から，海外を見ずには成り立たない時代にシフトしたことや，世界中で英語使用人口が増えてきたことに対して，日本人はやっと危機を感じ始めたので

しょう。新興国の英語学習意欲には目を見張るものがあります。日本人ははたして，新興国に追いつき，追い越すことができるのでしょうか？

さておき，日本人が英語に開眼することは，英語教師である私にとってはとても喜ばしいことでありますが，今の英語教育を変えていかない限り，この英語ブームは失敗に終わってしまうのではないかという不安を抱えています。

なぜなら，日本の英語教育は何か重要なことを忘れて今日まで突っ走ってきてはいませんか？　……そうです，**前置詞の重要性を無視した英語学習に，ネイティブに通用する会話などありえないの**です。

私の英語教育メソッドは，とにかく前置詞が重要であると位置づけています。学校で習う前置詞の扱い方とはまったく異なるのです。前置詞がわからずして英語的思考をモノにするのはほとんど不可能であると言っても過言ではないと，私の英語教師経験上感じております。

なぜ私がここまで「英語は前置詞だ」と口を酸っぱくして言うのか理由を申します。L. P. Ayres 博士の研究を引用しますが，英語の日常会話を分析してみますと，

◎ **10 語に 1 語は the か and**
◎ **5 語に 1 語は of, to, I**
◎ **4 語に 1 語は a, in, that, you**

なんと「**日常表現の60%は、わずか100の単語から成りたっている**」そうです。100語の単語のうち、前置詞は多くの部分を占めているのです。前置詞の使い方をマスターしてしまえば、あなたの英語力は爆発的に上達するということなのです。

以下、主な前置詞をあげてみます。

◎**名詞を伴う前置詞**
　　about, by, for, from, with
◎**時を表す前置詞**
　　about, after, at, before, by, during, from, in, on, since, until
◎**方向を表す前置詞**
　　across, along, around, back, down, into, past, off, onto, out, over, through, to, towards, under, up
◎**位置を表す前置詞**
　　above, among, at, behind, below, beside, between, by, in, near, next, on, opposite, to, under

どれも中学校の英語の授業でおなじみのものでしょう。

あえてここに日本語訳をあげなかったのは、中学校で習った前置詞の日本語訳は、英会話の大海原の上では、氷山の一角にすぎないからです。

表面上は静まっている海に見えても、海底では潮流が躍動しているように、西村式メソッドでは氷山の見えない部分、つまり、**学校では教えてくれなかった前置詞の〝動〟の意味を学習していきます。**

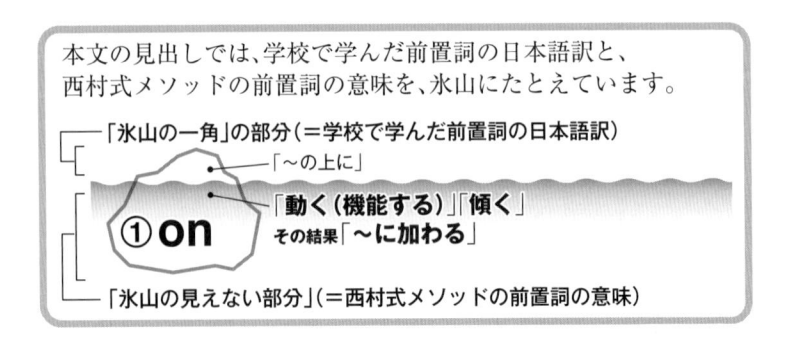

本文の見出しでは、学校で学んだ前置詞の日本語訳と、
西村式メソッドの前置詞の意味を、氷山にたとえています。

「氷山の一角」の部分（＝学校で学んだ前置詞の日本語訳）
「〜の上に」
①on 「動く（機能する）」「傾く」
その結果「〜に加わる」
「氷山の見えない部分」（＝西村式メソッドの前置詞の意味）

〝動〟の前置詞とは，「動き・空間・距離・方向・時間」の思考を帯びた前置詞です。

前置詞だけに限らず，常に〝動〟の思考を意識することで，普通だったあなたの英語が，命を与えられた生きた英語に変化するのです。

あなたは，上の絵を見て，直感的にどう感じますか？

(A) 床の上にボールがある
(B) ボールが床の上にある

日本人とネイティブに「この絵を英語で説明してください」

と共通の課題を出すとします。すると，多くの日本人は，There is a ball **on** the floor.（床の上にボールがある）と思い浮かぶはずです。したがって，(A)のように直感的に感じる思考を持っていると言えます。

(A)の「床の上にボールがある」考え方は，床という〝静〟のものを中心に考えているのです。

一方ネイティブは，A ball is **on** the floor.（ボールが床の上にある）と考えます。したがって(B)を選んだあなたはネイティブに近い思考かもしれません。

ネイティブの思考とは，
◎**動くもの**
◎**力の強いもの**
◎**影響力の強いもの**
など，〝動〟のものを中心に考える思考のことです。

実は左の絵をどう感じるかによって，英語的な発想が身についているか，そうでないかがわかるのです。

(A)を選んでしまったあなた，どうか落胆しないでください。もののとらえ方は，これから始める西村式メソッドの前置詞学習で変えていくことが可能なのですから。そのためには「**自らの意志と発想力**」をフル活用して，修得に力を惜しまないでください。

また，この英文の中に前置詞のonがあるのに気づいたかと思います。前置詞があることによって，絵を見なくてもボール

と床の位置関係が容易に想像できますよね。床から浮いているわけでもなく,床下に隠れているわけでもないことがわかります。

　このように**前置詞はもっとも端的に情景を伝えることができるすぐれもの**なのです。たったこれだけの短い前置詞だけで,文章が生きてくるのです。すばらしいと思いませんか？
　今まで前置詞の学習を後回しにしてきたことが悔やまれてならないことでしょう。

　ネイティブは自然と〝動〟の発想が身についています。日本人は古くから〝静〟の観点で物事をとらえる習慣がありますが,〝静〟の思考を〝動〟の思考に近づけていけば,いずれは学習の成果が血となり,肉となって身についていくことでしょう。

　また,ネイティブ的な発想が身についていけば,ネイティブとのコミュニケーションも苦ではなくなるはずです。今までネイティブに話しかけられても,緊張したり,無視したり,避けていたあなたも,街中で自分からネイティブを探し出してまで「英語を話したい！」という衝動に駆られるまでになるはずです。なぜなら**「英語は本当は楽しい」**のですから。

　さあ,気分が高まったところで,勉強を始めましょう！

「日本人の英会話力向上」に半生をかけている
西村喜久

すごい！ 英語は前置詞だ！ Contents

はじめに …………………………………………………………003

Introduction
西村式『前置詞と副詞の基本』がいとも簡単にわかる！ …017

1. これが前置詞・副詞の正体だ！ …………………………018

ちょっと脱線！ 特別講座 ………………………………033
結果を表す構文（be動詞＋形容詞［＋名詞］）

2.「状態」を表す副詞 ………………………………………034

3.「方向」を表す副詞 ………………………………………036

ちょっと脱線！ 特別講座 ………………………………043
因果関係の法則

4. 前置詞について ……………………………………………044

Chapter 1
西村式『前置詞の動き・空間・距離・方向・時間』がいとも簡単にわかる！ ……………… 055

1. on ……………………………………………………………………056
「動く（機能する）」「傾く」その結果「〜に加わる」

2. in ……………………………………………………………………070
「すでに」または「あらかじめ〜に加わっている」
「仮に〜に加わるとするならば」

Let's take a coffee break! ……………………………075
英語を始めたきっかけ

3. at ……………………………………………………………………076
「目的を持って一時的または一瞬動いて」その結果「止まる」
「〜にある」

4. out …………………………………………………………………084
「外に向かって」「広まって」その結果「機能し尽くす」
「力尽きる」

5. for …………………………………………………………………092
「〜を求めて」「〜を目的として」その結果「〜に向かう」
「〜の代わりをして」「〜を受けて」その結果
「〜をしてもらう」「〜（期間）の間」

Let's take a coffee break! ……………………………097
初公開！　学生時代の英語学習法①

Contents

6. by ... 098
「〜の力で（＝他の力を頼って）進む」その結果
「目標に少し足りない」または「通り過ぎる」
「手段に全面的に依存する」「〜のそばに」
「少しずつ動作を行う」

Let's take a coffee break! ... 107
初公開！　学生時代の英語学習法②

7. with ... 108
「同時に動いて」「同時に加わる」「一部のものに依存する」

8. up ... 112
「動く」そして「上の方へ向かわせる」
その結果「最後まで，力尽きるまで，とことん動く」

9. along ... 122
「〜に沿って進む」その結果「連続してつき進んでいく」

Let's take a coffee break! ... 127
「情景発想法」誕生秘話①

10. off ... 128
「これまでやってきた動作を（一時的に）中断する，やめる」
（目的とするところから）「離れて」「去る」そして「消える」

Let's take a coffee break! ... 133
「情景発想法」誕生秘話②

11. around ... 134
「〜のまわりを動きまわる」「〜を目的として」
良い方に動きまわる「災難から逃れる」「避ける」
悪い方に動きまわる「（うまく動いて）裏をかく」
「出し抜く」

12. down ……138
「直ちに」「離れて行動する」その結果「貫く」「尽きる」
13. away ……144
「ずっと継続して」その結果「離れて」「遠のく」
14. of ……150
「くっついて離れない」
15. to ……158
「向かう」「向ける」

Let's take a coffee break! ……165
英会話講師奮闘記①

16. under ……166
「(相手から力が) 加えられて」その結果
「下に向いて」「隠れる」
17. over ……170
「〜を越えて」「〜を離れて」「〜の上に」
18. across ……174
「十字状に進んで」その結果「目的地に達して」

Let's take a coffee break! ……178
英会話講師奮闘記②

Chapter 2
西村式『前置詞の選び方』が いとも簡単にわかる！ ……… 179

1. どこが違うの!?　to, for ……… 180

2. どこが違うの!?　by, for, until ……… 186

3. どこが違うの!?　to, with, by, in ……… 190

   Let's take a coffee break! ……… 193
   英語にまつわる苦い話

4. どこが違うの!?　on, to ……… 194

5. どこが違うの!?　away, off ……… 196

   Let's take a coffee break! ……… 198
   英語は腹式呼吸だ！

Chapter 3
西村式『前置詞の円運動』が いとも簡単にわかる！ …… 199

1. over, to, for …… 200

2. by, up, down …… 203

3. on, away, along, off …… 207

4. at, in …… 208

Contents

Chapter 4
西村式『副詞＋前置詞』がいとも簡単にわかる！ ……… 209

1. away ＋前置詞 …………………………………………… 210

2. on ＋前置詞 ……………………………………………… 212

3. in ＋前置詞 ……………………………………………… 216

4. up ＋前置詞 ……………………………………………… 218

ちょっと脱線！　特別講座 ……………………………… 227
太陽と副詞の密接な関係①

5. down ＋前置詞 …………………………………………… 228

ちょっと脱線！　特別講座 ……………………………… 231
太陽と副詞の密接な関係②

6. out ＋前置詞 ……………………………………………… 232

ちょっと脱線！　特別講座 ……………………………… 233
太陽と副詞の密接な関係③

7. through ＋前置詞 ………………………………………… 234

Chapter 5
西村式『形容詞＋前置詞（副詞）』が いとも簡単にわかる！ ……… 235

1. 形容詞＋ at ……………………………………… 236

2. 形容詞＋ in ……………………………………… 238

3. 形容詞＋ with …………………………………… 240

おわりに ……………………………………………… 243

カバーデザイン：株式会社ヴァイス　目黒眞

Introduction

西村式『前置詞と副詞の基本』が
いとも簡単にわかる！

「前置詞と副詞の違いは？」と聞かれたら，答えられますか？
　ここでは本編に入る前の予習として，前置詞・副詞の働きを明確にしておきましょう。本編とダブる部分もありますが，ご了承ください。

　英語は on, by, in など，一般的に「前置詞」といわれるものは，「副詞」と「前置詞」の2つの意味が辞書に載っています。前置詞にはたいてい副詞の意味を持つものが多いのです。

　副詞は，「方向」と「空間」だけで対象物を説明します。そこには目印となるものは存在しません。
　たとえば，ヘリコプターに乗って上空から「私の家はそこよ！」と地理教示をするようなものです。

　前置詞は，地上から「私の家は郵便局の隣よ！」と言うように，「郵便局」というはっきりとした目印があるのです。
　前置詞とは，目印の前について，その目印の「動き・空間・距離・方向・時間」を「前置詞＋名詞」の形で表すものです。

　前置詞と副詞を理解するには，このことを頭に入れておいてください。

1 これが前置詞・副詞の正体だ！

1. 前置詞って何？

　英語学習は，「テキストの暗記のくりかえし」がもちろん大切なのですが，それよりも<u>「何をどうするか（＝原因）」「何がどうなるか（＝結果）」を念頭において会話することの方が重要です。</u>なぜならネイティブは自然とこれらを中心として物事を考える習慣がついているため，より英語らしい，伝わりやすい英語になるといえます。これを『**因果関係の法則**』と呼びます。また，まえがきにも書きましたが，ネイティブは，

◎**動くもの**
◎**力の強いもの**
◎**影響力の強いもの**

　など，〝動〟のものを主語として考える傾向があります。あわせてこの考え方もものにしてしまえば，あなたも英語的な発想の頭に切り替えることができるようになります。

次の前置詞・副詞をご覧ください。

> **on**「～の上に」
> **in**「～の中に」
> **at**「～に，～で」
> **out**「外に，目的からはずれて」
> **for**「～のために」
> **by**「～によって」
> **with**「～と一緒に」
> **up**「上に」
> **along**「～に沿って」
> **off**「離れる」
> **around**「～のまわりに」
> **down**「下に」
> **away**「離れて」
> **of**「～の」
> **to**「～へ」
> **under**「～の下に」
> **over**「～の上に」
> **across**「～を横切る」

見慣れた日本語訳が勢ぞろいしていますね。おそらく中学校で皆さんが習ったであろう日本語訳をあげてみました。

これらの訳もまちがいではないのですが，ごまんとある英文を英文解釈上の日本語に置き換えた意味にすぎないのです。
これだけでは対象物の「動き・空間・距離・方向・時間」がまったくわかりませんよね。つまり相手に情景が伝わりにくい英語となってしまうわけです。

on と over を見ても，どちらも「～の上に」という意味であるため，双方の位置関係がはっきりとわかりませんよね。
また「to you と for you，どちらを使えばいいんだろう？」と迷ってしまった経験もあるのではないでしょうか。

中学校で前置詞の使い方を明確にしないまま授業が進んでしまうと，大人になった今になって苦労してしまうのです。
　私は英語教師経験を通じて，「前置詞がわからない」と悩む受講生がいかに多いかを知り，愕然としました。

　このままでは日本人の英語力が伸び悩んでしまうのではないかと危機感を感じた私は，積年の研究から，独自の前置詞学習法を編み出しました。
　<u>それが「何をどうするか（＝原因）」「何がどうなるか（＝結果）」というネイティブ的な発想で英語をとらえる『因果関係の法則』です。</u>
　この法則のもとに前置詞を学べば，英語の「動き・空間・距離・方向・時間」がわかり，あなたの英語が生きた英語へと変化していくでしょう。

　これから，ネイティブ感覚で覚えられる『西村式前置詞学習法』を，本編に先立って紹介します。長くなって恐縮ですが，しばらくの間お付き合いください。
　何しろ学校での英語学習とは違った切り口で学びますので，ここでしっかりと頭を切り替えてください。
　今までの前置詞の解釈とはいったん距離を置いてみましょう。

2. 前置詞の表す距離感について

　前置詞というのは名前の通り「名詞」の前に置く詞（ことば）を表すのです。ですから<u>前置詞は必ず**「前置詞＋名詞」**として用いる</u>のもこのためです。

　まず前置詞を理解するには，動詞には**「遠い動詞」**と**「近い動詞」**があることを知る必要があります。
　近い動詞とは，「主語」と「目的とするもの」の距離が近いことを表します。

> 「S+V+O」（近い動詞）
> 「S+V +前置詞＋名詞」（遠い動詞）

　近い動詞の例として，eat（食べる）があります。

I often eat Sushi.（よく寿司を食べる）

　食べるという動作をするとき，「私」と「寿司」との間にはてしない距離や空間があったり，ものすごく時間がかかるのであれば「その場で食べる」という動作ができませんよね。

　eatのように<u>**「すぐにその場でできる動詞」**または**「距離や空間がない動詞」**を**「近い動詞」**と呼びます。</u>距離や空間があったとしても，目と鼻の先程度の距離をいいます。

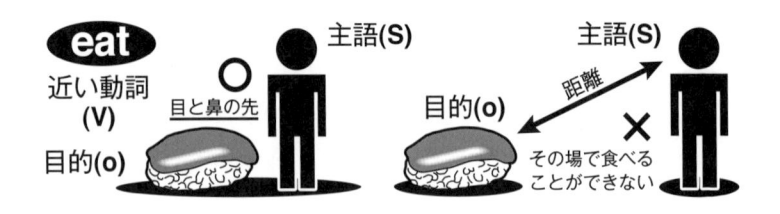

I often eat Sushi **in** Kyoto.（京都でよく寿司を食べる）

　先ほどの文章と似ていますが，今度は前置詞の in と場所を表す名詞が入っています。

　私と寿司の間には距離や空間がなくても，私と京都の間には距離や空間がありますよね。だから I と Kyoto の間には前置詞が必要なのです。

　同じ文章でも，前置詞が of に変わっただけで大きく意味が異なります。

I often eat Sushi **of** Kyoto.（京都で作られた寿司をよく食べる）

Introduction

　ofについては本編 Chapter 1 の 14（p.150 ～）で後述しますが，「（複数のものが）くっついて離れない」「初めからくっついている」「切り離して考えられないもの」を意味するのです。

　前置詞が of になったことによって，たとえその寿司が京都以外の場所へ持ち運ばれたとしても，京都という場所で作られた事実は変わらないことを表します。

　of は学校の英語教育では「～の」と訳されることが多いのですが，それは日本語訳上の解釈であって，本来の of の意味とはかけ離れたものとなってしまうのです。

　of は主に「くっついて離れない」ことを意味しますが，of よりも離れたところを表す前置詞は off です。
　off は「今いるところから」「その場から」を表し，「その場から何かを始める」「～から離れる」を意味します。

　play off は，off が「その場で」を意味し，play が「相手と対戦する」「楽しむために何かをする」を表すので「その場で対戦して試合の決着をつける」を意味します。
　kick off も off が「その場で」を表すので「その場でボールを蹴って試合を始める」を意味します。

　以下は「～から離れる」を表す off の例です。

This is the cap **of** his ball-point pen.
　（これは彼のボールペンのキャップです）

これはofがあることによって「ボールペンとキャップは切り離して考えられないもの」と考えられますが，

It has come off. とやると「それがはずれた」となります。

　このことから，offはofよりも距離が発生することを意味します。
　そしてoffよりも「姿が見えないくらい」離れることを表すにはoutを用います。さらにoutよりも遠く離れるとawayになります。awayは「見えないところに離れる」を意味します。

Please take it **away**. （それを向こうへやってください）

　というように，「初めは存在していた」ということがはっきりしているものに対して用います。

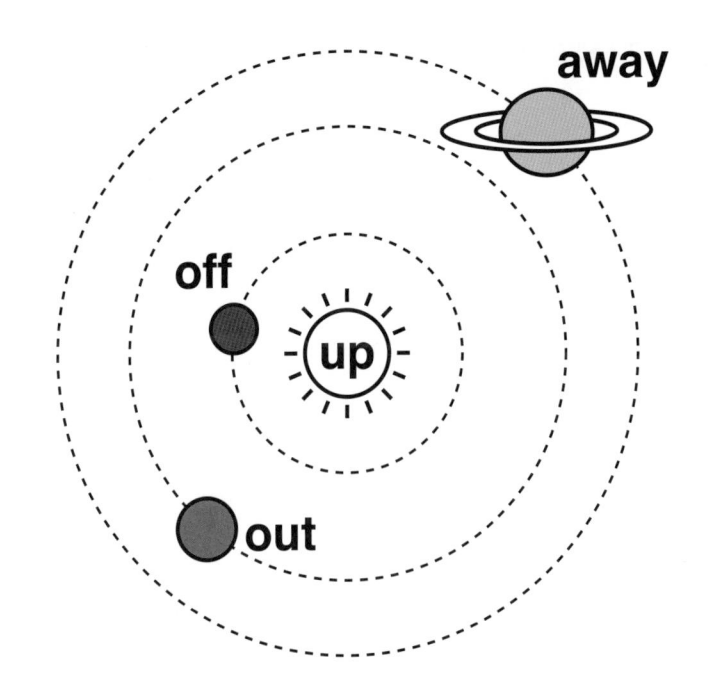

3. 副詞・副詞句と形容詞

　「副詞」や「前置詞＋名詞」（＝副詞句）は，**動作・行為をしている最中の状態**を表す語句です。

　前置詞と副詞は見分けがつきにくいのですが，原則的には，名詞の前についているのが前置詞，動詞のうしろについているのが副詞です。

　同じく状態を表す語句に形容詞がありますが，くつがえすことができない真実，真理を表します。形容詞は動作・行為が行われた結果の状態を表します。形容詞は副詞や副詞句とは似ているようで，時間に差があるのです。

He speaks English **very fast**.（彼は日頃とても速く英語を話す）

　彼が英語を話すという動作と同時に起こっている状態を表しています。

He is studying hard.（彼は［いつも］一生懸命勉強する）

　「勉強している」という「動作」とそのときの「状態（＝一生懸命に）」が同時なのです。つまり彼が勉強しているときはどういう状態かといえば「一生懸命」であると意味します。

It tastes good.（それを味わえば，おいしい）

　「味わっているとき（＝動作）」と「おいしい（＝状態）」と感じるときが同時に起こるため，good は副詞と考えても構わないのです。

4.「前置詞＋名詞」の答えを導く疑問詞

　前置詞はいつも目的とするものの「目印」を表します。

Q) **What** place is the post office located **around**?
　（＝ Where is the post office located?）
　　（郵便局はどのあたりに［＝どこに］あるの？）
A) In front of the station.（駅の前よ）

　このように，駅が郵便局を教示する「目印」になる語を前置詞といい，「**前置詞＋名詞**」の形で用います。しかし What,

Who, Which のような疑問詞と共に前置詞を用いるときは前置詞を文末に配置するのが普通です。

例1 前置詞を用いる疑問文

(1) **What place** is it located **around**?
　　(= Where is it located?)
　　　（それはどのあたりですか？）
(2) **Who** would you like to talk **to**?
　　　（誰にあなたは話したいのですか？）
(3) **Which** are you more interested **in**, arranging flowers or making tea?
　　　（生け花と茶道ではどちらに興味がありますか？）

　副詞と前置詞とは Where, When, How など疑問詞の答えなのです。

　副詞の答えを導く疑問詞は How であり，「前置詞＋名詞」の答えを導く疑問詞は When（いつ），Where（どこで）となります。これらの疑問詞は「前置詞」の意味が含まれているので「前置詞」を用いる必要がないのです。

例2 前置詞を用いない疑問文

> (1)Last Sunday, I went (2)to Nara (3)to see (4)the largest image of Buddha in Japan.
> (5)It has 15 meters (6)above the waist (7)while sitting, so it will be (8)about 29 meters tall (9)if it stood. I got (10)surprised (11)to hear it.
> I went (12)there (13)with three of my friends and walked (14)around the Nara Park. I enjoyed (15)giving Senbei (16)to the deer.
> I stayed (17)in Nara (18)for about four hours.
> (19)I had a good time.

下線について尋ねる疑問文として予想されるものを，右ページにまとめました。

たとえば(1)の Last Sunday（先週の日曜日に）は「奈良へ行った」ときと同時ですから When（いつ）を表す疑問詞の答えです。そのため「前置詞の意味を含んでいるので前置詞を必要としない」副詞句です。

答え	予想される疑問文
(1) Last Sunday.	**When** did you go Nara?
(2) To Nara.	**Where** did you go?
(3) To see.	**Why** did you go Nara?
(4) The largest image of Buddha in Japan.	**What** did you see in Nara?
(5) It has 15 meters.	**How** tall is it above the waist?
(6) Above the waist.	**What** is the length while sitting?
(7) While sitting.	**Which** was the style, while sitting or standing?
(8) About 29 meters tall.	**How tall** would it be if it stood?
(9) If it stands.	**How** did it about 29 meters tall? ◎実際は座っているので「もし立っていたら」と仮定することは「過去形」で用いる
(10) Surprised.	**How** did you feel it when you heard it?
(11) To hear it. (or Because...)	**Why** did you get surprised?
(12) There (=Nara). ◎thereやhereは前置詞の意味を含んでいるので前置詞を入れる必要がない	**Where** did you go?
(13) **With** three of my friends.(※)	**Who** did you go there **with**?(※)
(14) **Around** the Nara Park.(※)	**What part of Nara** did you walk **around**?(※)
(15) Giving Senbei. ◎「鹿にせんべいをやる」という動作と「楽しかった」という状態が同時に起こっているため、動詞+動詞の進行形(=V+ing)〜の形を用いる	**When** did you enjoy?
(16) **To** the deer.(※) ◎鹿と私の間に距離,空間,隔たりがあるため前置詞が使われる	**Who** did you give Senbei **to**?(※)
(17) In Nara.	**Where** did you stay?
(18) For about four hours.	**How long** did you stay there?
(19) I had a good time.	**How** did you feel when you went there?

（※）表を見ると，(13), (14), (16) の「**(文頭に) 疑問詞～ (文末に) 前置詞？**」の疑問文は「**前置詞＋名詞**」の形で答えられるとわかります。

Q) **Who** did you go there **with**?
　（だれと一緒にそこへ行ったの？）

　この場合，疑問文で前置詞を文末に置くことによって「**with を文頭に持ってきて答えてくださいね**」という相手からのメッセージであると受け止めればよいのです。ですから答えは，

A) **With** my friends.（友達と一緒に）

となります。同じく前置詞を文頭に持ってくる返答例です。

Q) **What part of Nara** did you go **to**?
　（奈良のどのあたりに行ったのですか？）
A) **To** Nara Park.（奈良公園に）

　頭に疑問詞，最後に前置詞を使った質問を投げかけられたら，答える方は落ち着いて，最後に置かれた前置詞をそのまま使って答えればよいのでとても助かりますね。また，疑問詞が「主語」や「目的語」を表す場合，返答には前置詞を入れる必要がありません。前出の表では (12) がそれにあたります。
　なぜかというと，英語はどんな長文でも「S+V+O」（近い動詞）か「S+V ＋前置詞＋名詞」（遠い動詞）の 2 通りの構文で「動作・行為」を表すからです。

Introduction

5. 知覚・感覚動詞と使役を表す動詞の前置詞との関係

　see（見る），hear（聞く），know（知る），feel（感じる）など，感覚を表す動詞を「知覚・感覚動詞」といいます。
　また，let, make, have, get は「使役（〜させる）を表す動詞」です。これを「使役動詞」といい，主語によって一方的に「〜させられる」という「力」を表す動詞です。
　これらの動詞と前置詞の関係を説明します。

　<u>知覚・感覚動詞は，「**感じる行為**」と「**その結果**」との間には，「**距離，空間，隔たりがない**」</u>と考えられるため，本来，「動き・空間・距離・方向・時間」を表す働きをする前置詞は，ここでは用いる必要がありません。

---

(1) I **feel** the dog pretty.（その犬はかわいい）
　　これは，「犬を見る行為（＝するもの）」と「犬を見て感じた結果（＝させるもの）」を表しています。

---

(2) The news **made** me happy.
　　（そのニュースは私を幸せにさせた）

　これらは「〜させる」という使役動詞を用いていますが，結果を受けた者の中で感情が発生するため，「距離，空間，隔たりがない」となりますので，前置詞を用いる必要はありません。

「感じる行為」と「感じさせるもの」，つまり，人に置き換えると，「させる人」と「させられるもの」がほぼ同じ位置で会話をしているとイメージしてください。

　<u>「感じる行為」と「その結果」の両方が感覚で行われたことですから，それらの間には「距離，空間，隔たりがない」といえます。そのため**前置詞を用いて説明をする必要がない**のです。</u>

ちょっと脱線！　特別講座

結果を表す構文（be動詞＋形容詞［＋名詞］）

　be動詞（is, am, are）を用いる構文には「**動作・行為を表す動詞が省略されている**」と考えてください。

He **is** Jiro.（彼は次郎です）

　これはisというbe動詞があるので，それ以前にどういう行為が省略されているのかというと，

His parents called him Jiro.
　（彼の両親は彼を次郎と名づけた）

　という行為が省略されているのです。その結果がHe is Jiro. という意味になるのです。

He **is** busy.（彼は忙しい）これも同じように，

Because he is scheduled to finish the job not later than April 10.（彼は4月10日までにその仕事を終えなければならないから）

　という行為が省略されているのです。

　これらの構文は，「be動詞＋形容詞」または「be動詞＋名詞」で，「動作・行為がすでに行われてからの結果」を表すので，「覆すことができない状態」「真実」を表すことができます。

2 「状態」を表す副詞

「S + V + 副詞」で用いられる副詞は「形容詞 = 副詞」の形で用います。

---

(1) He is running **fast**.
(彼が今走っているときの状態はどうなのかといえば、速いのである [= 彼は速く走っている])

これは「ある動作, 行為をしている最中の状態がどうなっているのか」を意味します。
あくまで「見ていたそのときの状態」を示しているため、ずっと速い状態が続くのではなく、レースが終わってみれば、何人かに抜かれてビリであったということも当然ありうるわけです。

---

(2) These flowers are **beautifully** blooming.
(これらの花はきれいに咲いている)

「これらの花が咲いているときはどういう状態なのか」といえば、花を見たそのときの状態が「きれい」なのであって、明日見に行けば、もしかしたら踏まれてしまって変わり果てた姿になるかもしれないという意味を含んでいるのです。

副詞は「**行為**」と「**状態**」の結果が「**同時である**」ことを表すのです。
　このことは (2) のように「**形容詞＋ly**」の形で用いられる副詞にも同様にいえます。

3 「方向」を表す副詞

1. 太陽の動きと副詞の関係

up, down, out, off, away を主に用いて方向を表します。

方向を表す副詞は太陽の動きに置き換えて説明することができます。次の図は地球と水平線の図と考えてください。

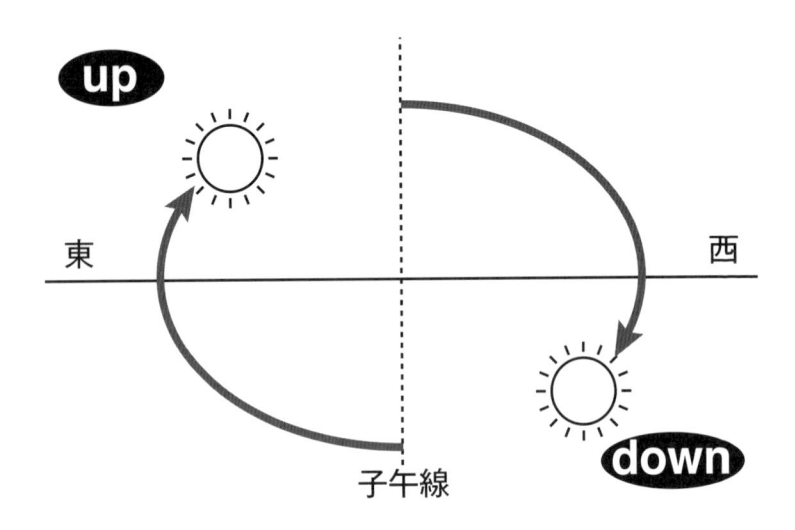

太陽が東の水平線から昇ることを up といい，太陽が子午線を超えて西へ向かって沈んでいくことを down といいます。

地球の水平線を軸に，上と下で up と down に分かれます。up + down で「円（＝全体）」を意味します。

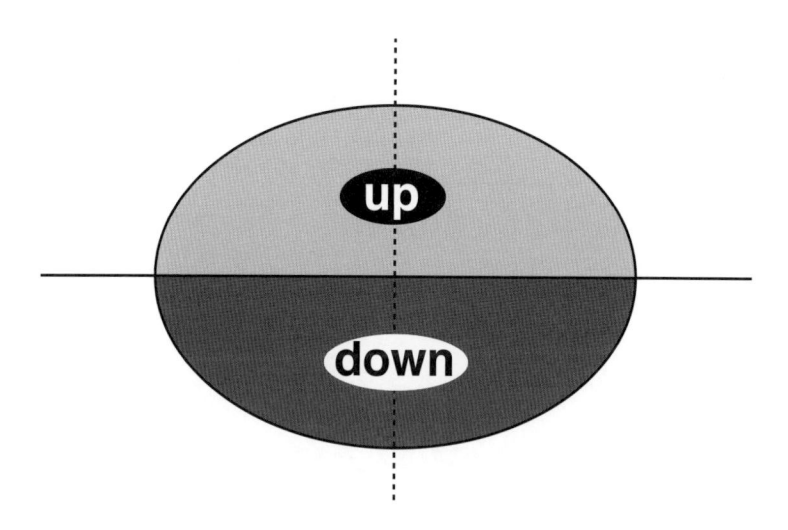

この円は太陽が時を刻む軌跡を表します。
　in は太陽の軌跡ですから「すでに今までの時を刻んで」比喩的に「**すでに〜という経験，体験が加わっている**」を表します。
　ですから in my life というのは「（過去を回顧して）経験，体験した私のすべての人生の中で」を意味します。
　in は「人間が生まれてから死ぬまでの一生」を表しています。

The sun is **up**. (= The sun is rising.)（太陽が出ている）

　up の「上に」「現れる」「起こる」という動きから「太陽が水平線から半分だけ出る」状態を象徴しています。

> **参考** be動詞は「覆すことができない事実，真実，真理」を表します。そのため，
> What's up?（どうしたの？［＝何が起こったの？］）を
> What has been up?
> と書き換える必要はないのです。あくまで前後の文章から適切な意味を考えましょう。

2. 動作を「連続して」「最後までやり通す」副詞

副詞としてのupは，この世のすべての「空間を補い」「足りないものを補い」，動作，行為を「**完璧に，最後まで徹底的にやり通す**」を意味します。

---

(1) I will go **up** to Tokyo this afternoon.
（午後に東京へ行きます）
go to Tokyoで「東京へ行く」という意味ですが，go up to Tokyoで「東京までの空間，距離を埋めて」「〜まで連続して」を表します。

---

(2) She is dressing **up** to attend his wedding.
（彼女は結婚式に参加するために正装している）
upの「徹底して」「最後まで」「余すことなく」「きちんと」という意味は，「連続して」という働きの結果から生まれるのです。
make upやdress upはまさにこのニュアンスがぴったりあてはまりますね。

Introduction

3. 太陽の動きと **out**

out は「視界に現れる」または「姿を消して見えなくなる」を意味します。

---

(1) go **out** of the office（オフィスから出て行く）
　　of は「くっついて離れない」を意味しますので、「いつもいるオフィスから姿を消す」というニュアンスになります。

---

out は太陽が東から現れる意味と、西へ沈むという両方の意味を持ちます。
「現れる」の意味から、「姿のすべてを表す」「すべて外に出てくる」「全体」というニュアンスがあります。反対に「沈む」の意味からは、「すべての姿を消す」というニュアンスがあります。なお「全体」の意味から、all out（全力で）という表現もあります。

---

(2) A: The moon is **out**.（月が出た）
　　B: The sun is **out** of our sights from the horizon.
　　（太陽が地平線から姿を消した）

> **参考** 日没という表現は、
> The sun set in the west.
> The sun dropped.
> の方が一般的に使われます。

39

4. 太陽の動きと off

offは「**今いるところから離れて**」「**その場を離れて**」その結果「**遠ざける**」「**死ぬ**」を表します。

これは日没の動きを象徴しています。

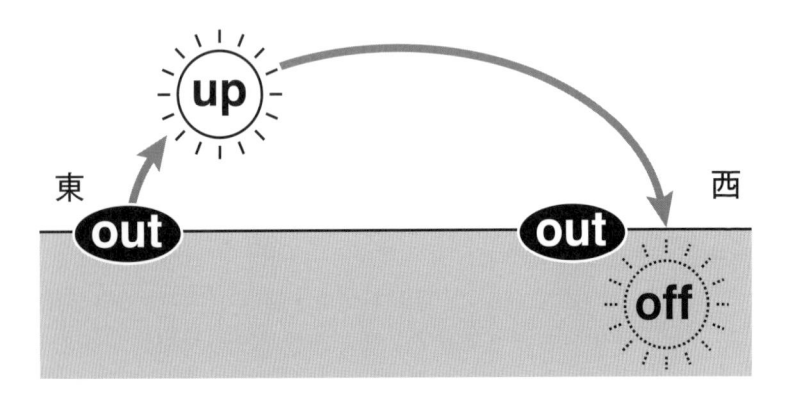

---

(1) He is **off**.（姿が見えない［＝外出している］）

---

(2) He went **off**.（彼は亡くなった）
　　goが「戻る」という意味を意識させない動詞なので,「帰らぬ人となる＝死」という意味も出てくるのです。

---

(3) I get **off** the train.
　　（今乗っている電車から離れる［＝乗っている電車から降りる］）
　　get（乗っている）とoff（今いるところから離れる）という意味から,「乗っている電車から降りる」となります。

---

5. 前置詞の意味を強める副詞

たとえば、right, straight, away, far, by far のような副詞は、**副詞＋前置詞**の形で前置詞の意味を強めるのです。

◎ right は「まさに」「すぐに」を表す
(1) I'm all **right** with you.（その通りだ）

(2) **right** after turning off the light
（あかりを消してからすぐに）

(3) **right** on your right side（君のすぐ右手に）

right の使用例	意味
right after〜	〜してからすぐに
right away〜 **right** off〜	（時間的に）ただちに
right now	今すぐ
right on〜	〜のすぐに（場所を表す） まさにそのとおりだ
right before〜	〜の直前に
right after〜	〜の直後に
right with〜	〜のとおりだ

◎ straight は「ちゃんと」「きちんと」「余すところなく」「連続して」を表す

(1) Please go **straight** up and you can find it right on your left side.
(まっすぐ行けば，すぐ左手にそれが見えてきます)
　　straight up で「ちゃんとまっすぐに」を表します。

◎ away は距離，時間を表す前置詞や副詞を強める

(1) Go **away**!（遠くに姿を隠しなさい！ [＝離れなさい！]）
　　off が「その場を離れて」を表すのに対して，away は「off よりもさらに離れて」「遠ざかる」「姿を隠して」を意味します。そのため，go away 〜で「〜から離れる」となります。

---

(2) He is living a little **away** from the school.
（彼はその学校から少し離れたところに住んでいます）

---

(3) He is **away** from the office.（彼は会社にいません）

---

(4) **Away** from me!（私から離れて！）

◎ far は「かなり」の意味で前置詞や副詞を強める

(1) She is **far** on, so it's rather hard to follow them.
（彼女は年だから，彼らについて行くのは難しいよ）

> **参考**
> far away（かなり遠くに）
> far on（年をとる）

ちょっと脱線！　特別講座

因果関係の法則

(a) He is from California.（彼はカリフォルニア出身である）
(b) He has come from California.（彼はカリフォルニアから来た）

　(a) は出身地を表す以外の意味はありません。このように因果関係の成立していない文章はコミュニケーションがこれ以上発展せず，相手を困らせてしまうので注意しましょう。

　(b) は「カリフォルニア出身である」とも，「ここに来る以前はカリフォルニアにいた」とも訳せます。彼の今までの「情景」が理解できる，因果関係が成立している文章といえるので，(b) の方が会話の相手に対して親切といえます。

　英語には「情景発想」がなくてはならないのです。たとえば see という1つの単語には「見る」という意味だけでなく，「会う」「わかる」「理解する」「悟る」などの意味が出てきます。

　「見る」の対象が本であれば，「どんな本かわかる」。人であれば，「人がいることを認識する」，また，その人が友人であれば「会う」という意味にもなります。

See, the bus is coming!

という文章には，

If we see over there, you can see her coming.

という因果関係が隠れているのです。
因果関係なしではコミュニケーションは成立しないのです。

4 前置詞について

前置詞は「時間」「場所」「空間」「範囲」「動き」の5つのことを述べるときに「前置詞+名詞」の形で表します。

1.「時間」「場所」を表す前置詞

時間や場所を表す前置詞には，以下の3通りがあります。

①時計の針の進行方向を表す前置詞
②時計の針の逆方向を表す前置詞
③時計の針のどちらの方向にも進まずに静止している（=状態を表す）前置詞

◎時計の針の進行方向を表す前置詞
水平線から出てくる太陽の動きを象徴する前置詞です。
  from, off, at, by, to, with, in front of ～ , through, away, after, on, above, over, beyond

◎時計の針の逆方向を表す前置詞
  at, to, until, within, in, before, under, by

◎状態を表す前置詞
  at, by, beside, around (= about), near, in

2. 子午線から下に向かう動きを表す前置詞

after, by, around (= about), below, on through, into, over

3. by と at

by は，たとえば時計の目盛りのように，進行方向に「**最小幅だけ他の力で進む**」状態を表します。「**全面的に自分の力ではなく，他の力で進む**」その結果「**進んだ最小幅の差が出て**」そして「**区切る**」を意味します。

対して at は，「**by が最小単位で進んで区切った位置**」を表します。つまり，by は線，at は点であると考えるとわかりやすいでしょう。

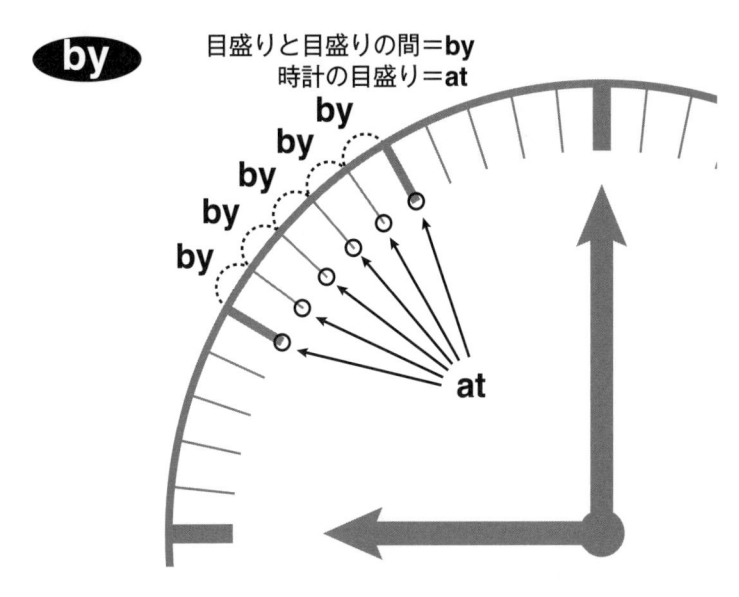

目盛りと目盛りの間＝**by**
時計の目盛り＝**at**

(1) He is taller **by** three centimeters than me.
　　（彼は3センチだけ私よりも背が高い）

(2) This car is running **at** 60 kilometers per hour.
　　（この車は時速60キロで走っている）
　　　　at は速度計を見たときに，針が指していた点を表します。

by の使用例	意味
by second	1秒
by minute	1分
by hour	1時間
by one meter	1メーター
one **by** one	1つずつ

4. on

◎「現れて」その結果「見える」「わかる」

　太陽が東の水平線から「**現れて**」，その結果，太陽の対面に位置する人には，それが「**見える**」「**わかる**」と認識されます。このような太陽の動きはまさに on の働きを表しているといえます。

(1) You can find the station **on** your left side if you take this way.（この道を行けば左側に駅が見えます）
　　　　左側に駅が見えてくる状態が「現れる，見える」を表すため，on の働きであるといえます。

東　子午線　西

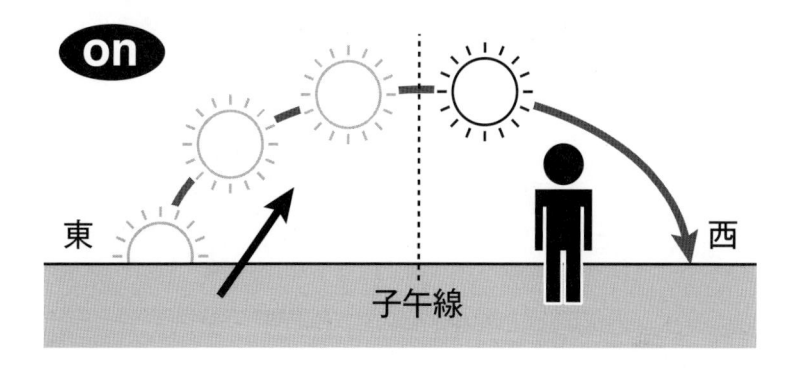

◎「連続して動いている」「機能している」「〜の最中」
(1) A: How about the schedule going?
　　　（その計画はどうなの？）
　　B: It's **on** the go.（今やっている最中よ）

◎「傾く」「ひねる」
　太陽は子午線を過ぎると日没に向かって次第に傾いていきます。on はその太陽の動きを比喩し，「傾く」「ひねる」を表します。

(1) Please turn **on** the gas.（ガスの栓をひねってください）
　　　ガスの栓をひねって「つける」という意味になり，ガスが動いて機能することを表します。

◎「加わる」「接触して上に」
　太陽が東の水平線上から昇り，西の水平線に沈む動きは，on の「**接触して加わる**」という働きを意味しています。

on

東 「接する」 　　　　　　　　　西 「接する」

子午線

「連続する」「動いて」「機能する」

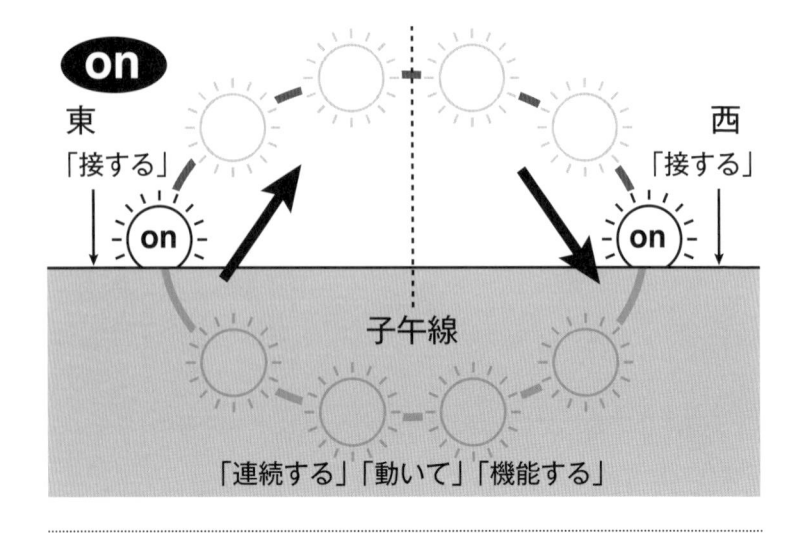

(1) Three oranges are **on** the table, please take one.
（3個のオレンジがテーブルの上にあるので，どうぞ1つ召し上がってください）

◎「連続する」「動いて」「機能して」

　太陽は「東から昇り，西に沈む」という円運動をノンストップで繰り返します。そのため，いつまでも水平線上に留まることはありません。
　そのような太陽の動きは，onの「連続する」という働きを表しています。

◎「〜の負担になる，負担をかける」「〜にもたれる」

　太陽は時を刻むにしたがって，上の方向に連続して向かい（= up），そして子午線を越えたあとは下に向かいます（= down）。このとき，onは「〜に傾く」その結果「**〜の負担になる，負**

48

担をかける」「～にもたれる」を表します。

5. from, to（場所を表す前置詞）

to は目的地のみを表し，出発点に戻ることを意識させない一方通行の前置詞なのです。

「**目的とするところに向かう**」その結果「**～に至る**」「**～と並べる**」「**～と比べる**」「**～と等しい**」という意味があります。

to には「**目的地だけを表す**」というニュアンスがあり，出発点は明確ではないため，from を合わせて用いる方が適切です。

(a) He went **from** A station **to** E station.
    （彼は A 駅 [＝出発点] から E 駅 [＝目的地] に行った）
(b) He went **from** A station **to** E station through B station and D station.
    （彼は A 駅を出発し，B 駅から D 駅を通って E 駅に行った）

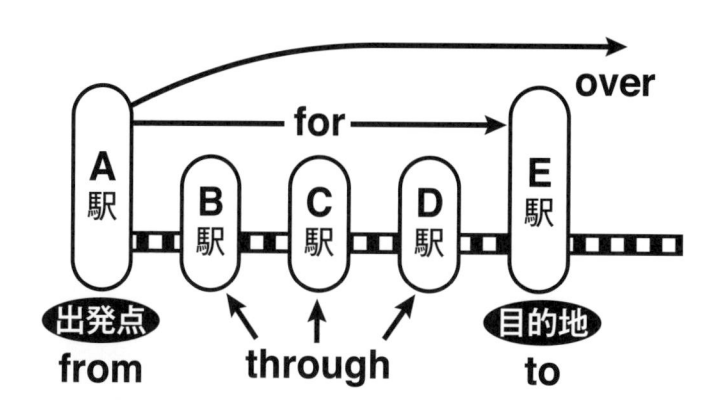

from A station to E station で「A駅から出発してE駅まで向かう」を意味します。

因果関係の法則から，(a) は結果であって，目的地にたどり着くまでは「A駅→B駅→C駅→D駅→E駅」という過程（＝原因）があったことがわかります。

その過程は (b) のように，from A to E **through** B and D で，通過地点を through で表すことができます。

to は「目的地だけを表す前置詞」であるため，B駅からD駅は through という前置詞を用いて「目的地ではない」ということを示しています。B駅からD駅は停車せず，通過するという意味です。

6. for

「A駅（＝出発点）を出て，B駅からD駅を通ってE駅（＝目的地）に着く」という全過程は，

He left the A station **for** the E station.
　（彼はA駅からE駅へ向かった）

のように，for を用いて表します。for によって「A駅からE点までの空間」を意味するのです。

7. over（距離を表す前置詞）

再び先ほどの電車の図をご覧ください。
A点（＝出発地）からE点（＝目的地）までの過程は for を用います。

目的地までの範囲（A 点～ E 点）を超えた場合は over を用います。

over は「(連続してある区切りを) 超えて」「過ぎる」その結果「終える」を意味します。

---

(1) He will study abroad from April **over** this time next time.（彼は 4 月から来年の今頃まで留学するだろう）

> **参考** over years（何年も）
> over again（何度も）

距離	距離を表す前置詞
近い	for
	on
	over
	above
遠い	beyond

8. through, until

from A to B と並んで，through, until も範囲を表す前置詞として使われます。これらは期限において微妙な違いがありますので注意が必要です。

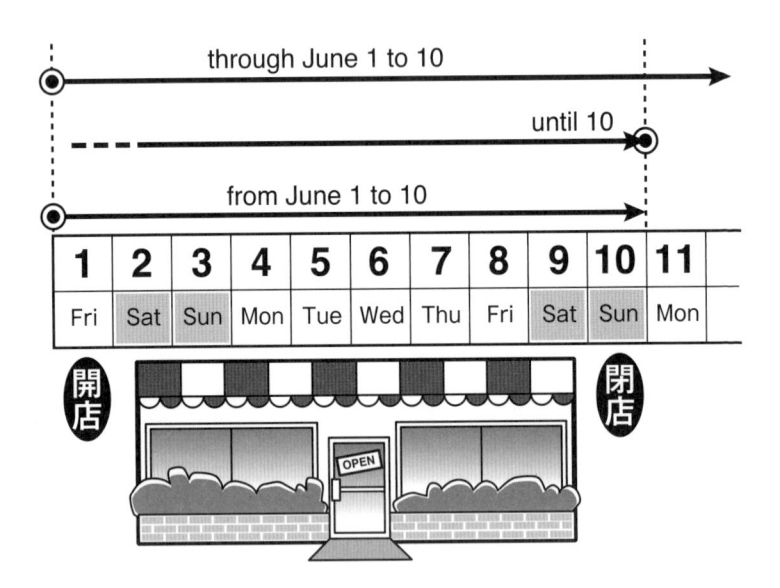

使用例	意味
through June 1 **to** 10	10日以降も開店している可能性がある
until 10	10日以降は確実に閉店している （意味を強調）
from June 1 **to** 10	1日から10日いっぱいは開店している

9. to「一方通行」, for「往復運動」

to の「目的地だけを表す」という働きから,次のパターンも考えられます。

(a) I will give him this chocolate.
 (彼にこのチョコレートをあげるわ)
(b) I will give this chocolate **to** him.
 (彼だけにこのチョコレートをあげるわ)

to を用いることによって「チョコレートをあげる対象を彼だけに限定する」となります。
to は一方通行を表しますから,「**チョコレートをあげるけど,お返しはいらないからね**」を意味します。ところが,

(c) I will give this chocolate **for** him.

とやると,往復運動を表す for を用いているので,「その代わり私にも何かちょうだい」「その代わりその仕事を手伝ってよ」などのように,相手に与えた物と対等の交換条件を求めるニュアンスが含まれるのです。

to と for は使い方に迷いがちですが,to は「**一方通行**」,for は「**往復運動**」という理由を常に意識をしておけば,もう迷うことはありません。

10. at（場所を表す前置詞）

at は「**はっきりこことわかる明確な一点の位置**」を表す前置詞です。

(a) He arrived **at** the Shinjuku station.
　（彼は新宿駅に着いた）
(b) He went **to** the Shinjuku station.（彼は新宿駅に行った）

(a) は at を使うことによって「新宿駅に着いた」という明らかな事実を表していますが，新宿駅が目的地ではありません。
　to と at はどちらも場所を表す前置詞なのですが，to が「目的とする点を表す」のに対し，at は「目的としない点」を表すのです。

(b) は to を使うことによって「新宿駅が目的地である」ことを表します。さらに目的とする新宿駅までの間に，A駅，B駅，C駅，D駅という通過駅があれば，at the A station, at the B station, at the C station, at the D station となります。

at は「**明確な最小の位置，具体的な場所**」を意味します。いずれにしても「目的地に向かって」というニュアンスは to には含まれますが，at には含まれないのです。

──いかがですか？　『西村式前置詞学習法』は奥が深いでしょう。予習が終わったところで，いよいよ『西村式前置詞学習法』本編へ入ります。

Chapter 1

西村式『前置詞の動き・空間・距離・方向・時間』が

いとも簡単にわかる！

前置詞	働き
on	「動く」「傾く」その結果「～に加わる」
in	「すでに」または「あらかじめ～に加わっている」
at	「一時的」または「一瞬動いて」その結果「止まる」
out	「外に向かって」「広まって」その結果「機能し尽くす」
for	「内，外，両方向に向かう，向けられる」
by	「(～の力に全面的に頼って)進む」その結果目標に対し「足りない」または「通り過ぎる」
with	「同時に動いて」「同時に加わる」
up	「上の方へ向かわせる」その結果「最後までとことん動く」
along	「～に沿って進む」その結果「連続してつき進んでいく」
off	「これまでやってきた動作を(一時的に)止める」
around	「～のまわりを動きまわる」
down	「直ちに」「離れて行動する」その結果「貫く」「尽きる」
away	「ずっと継続して」「離れる」「遠のく」
of	「くっついて離れない」
to	「(目標へ)向かう」「～へ向ける」
under	「(相手から力が)加えられて」その結果「下に向いて」「隠れる」
over	「～を越えて」「～を離れて」「～の上に」
across	「十字状に進んで」その結果「目的地に達して」

これから，ここにあげた前置詞について順に学んでいきます。

1つの前置詞についてここまでじっくり解説する本はほかにないでしょうね。しっかり私についてきてください。

① on
- 「〜の上に」
- **「動く(機能する)」「傾く」** その結果**「〜に加わる」**

「on の意味は〝〜の上に〟です」と答える人がほとんどかもしれませんね。たしかに「〜の上に」という意味もあるのですが,「on =〝〜の上に〟」と固定したとらえ方をしている限り, on の使い方をマスターすることは決してできません。

一度あなたの頭を空っぽにして, on に限らず, 前置詞は西村式メソッドで理解してください。

英語は, いかなる場合でも「その結果どうなるの」という因果関係で発想しますので, on の意味は,**「動く」「傾く」**その結果**「〜に加わる」**となります。

on は水平線, 地平線, 線状のものを表します。そこで以下の図を見て, 東の水平線上に太陽が昇るところをイメージしてください。

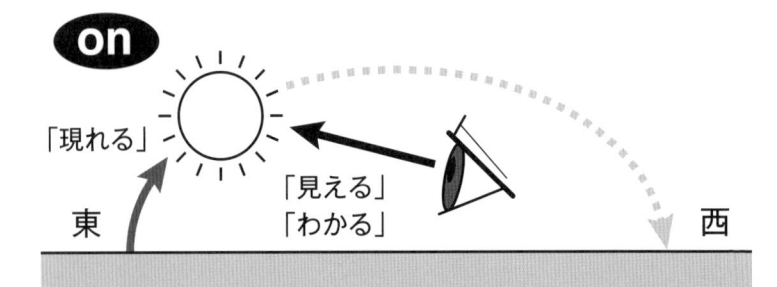

on

「現れる」　「見える」「わかる」

東　　　西

水平線上に太陽が「**現れる**」という動きは, 副詞の on を表しているのです。

太陽が東から昇ることは, 比喩的に「**現れる**」を意味し, その結果, 対面にいる私たちに「**見える**」「**わかる**」ことを意味します。

(1) You can find the station **on** your left side if you take this way.（この道を行けば左側に駅が見えます）

この場合, 左側に駅が見えてくるのは, 太陽の「現れる」という動きと同じです。現れてくる駅の対面に位置する「あなた」は, のちに駅の姿が「見える」「わかる」となります。

---

(2) A: How about the schedule going?
（その計画はどうなの？）
B: It's **on** the go.（今やっている最中よ）

また, on は「連続して動いている」「機能している」「〜の最中である」を意味します。

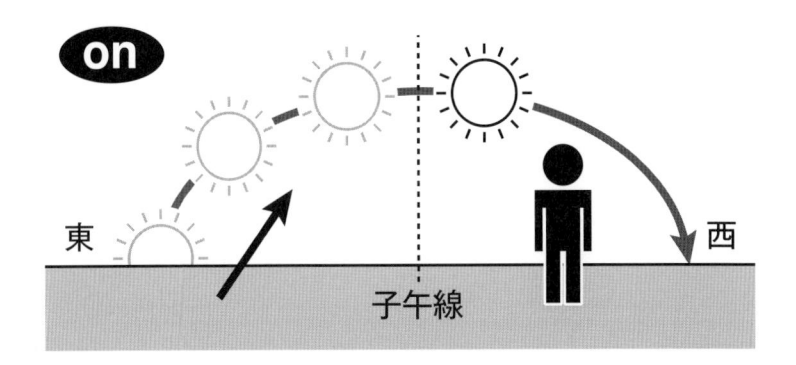

さらに on は，時が連続して動き，太陽は子午線を通って「傾く」「ひねる」を表します。

「何が傾くのか」「何をひねるのか」で様々なイディオムとして on を用いることができます。

gas（＝動くもの）でたとえると，

〈原因〉Please turn **on** the gas.（ガスをつけてください）
〈結果〉The gas is **on**.（ガスが機能している）

ガス栓のつまみが ①「動く」→②「傾く」「ひねる」その結果 ③「〜に加わる」という状態が on の働きなのです。

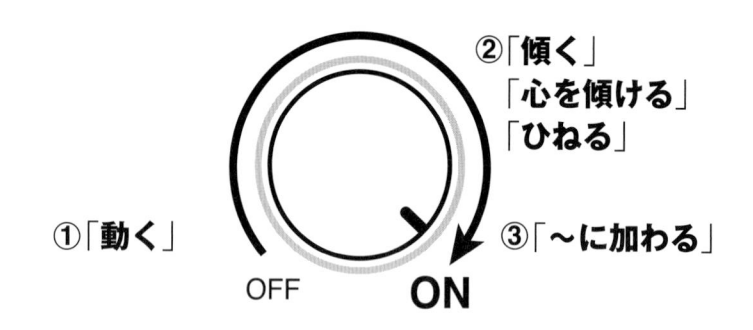

②「傾く」
「心を傾ける」
「ひねる」

①「動く」   ③「〜に加わる」

OFF   ON

参考
His play **on** the stage turned on me.
（彼の舞台での演技を見ているとわくわくした）
原因となるものが主語に来ると「その原因（＝主語）が〜をわくわくさせる，魅了する」などの意味になります。

Chapter 1　西村式『前置詞の動き・空間・距離・方向・時間』がいとも簡単にわかる！

　水平線状に太陽が「**加わる**」「**接触して上に**」という状態をonで表します。onに「接触して上に」という意味が出てくるのは，日の出や日没の際に，水平線に「接触して加わる」状態を比喩的に表しているからです。

(3) Three oranges are **on** the table, please take one.
　　（3個のオレンジがテーブルの上にあるので，どうぞ1つ召し上がってください）
　　これも太陽が水平線に接するのと同じく，テーブルにオレンジが接している状態を表しています。

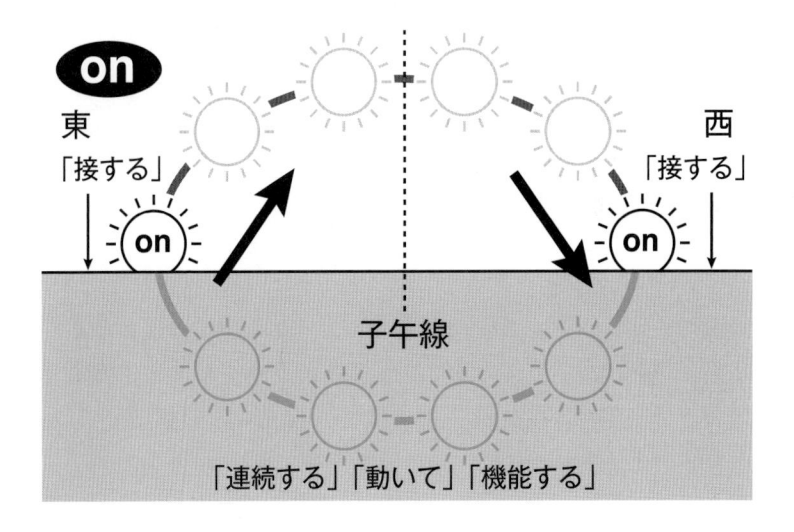

---

on

東　「接する」

西　「接する」

子午線

「連続する」「動いて」「機能する」

1. on

　太陽は東から昇り，西に沈むという円運動を繰り返します。いつまでも水平線上に留まることはありません。
　そのため，on は「**連続する**」を表し，「**動いて**」「**機能して**」を意味します。

　太陽は子午線を境に，西へ下ります。その動きをたとえとして，on は「**～に傾く**」「**～に心を傾ける**」その結果「**重荷になる，負担になる，負担をかける**」「**～にもたれる**」を表すのです。

　信じられないでしょうが，こう理解していくと，on はあなたの自由自在になります。

　しかし中学生の皆さんは，もし学校の試験で「on の意味を述べよ」と出ていたら，とりあえず「～の上に」と答えておいてくださいね。「動く」などと答えると，たちまち×をもらうことになりますから……。
　試験がすんだら，もう「on＝～の上に」という固定観念はさっぱりと捨てて，西村式メソッドで理解していくようにしてください。

　西村式メソッドだと，前置詞のニュアンスがいかにわかりやすく，単純かということがわかります。きっとあなたの英語力はグングン上達していきます。次に例文をあげて on をくわしく説明します。

Chapter 1　西村式『前置詞の動き・空間・距離・方向・時間』がいとも簡単にわかる！

1. on はある目的のために「動く」「機能する」

　私たちの身のまわりにある人工物は，すべて人のため，世の中のために役立てる目的で作られています。たとえば冷蔵庫，自動車，ステレオ，家，道路など，いちいち数えあげるときりがありません。

　これらのものが「目的通りに機能している」ときには，すべて on が使えます。つまり，〝静〟から〝動〟へと転じたときから，on は限りなく躍動し始めるのです。

◎目的通りに機能している
(1) Look! The gas is still **on**.（ガスがつけっ放しだよ）

(2) The water isn't **on**. What's up?
　（水が出ないよ。どうしたのかな？）

(3) The air conditioner isn't **on**.
　（この部屋ではエアコンが動いていないね）
　　機能すべきエアコンが「機能しない」わけですから isn't on です。

(4) I usually listen to music **on** FM radio.
　（私はいつも FM ラジオを聞いています）
　　on FM radio で「FM ラジオを機能させて」，つまり「FM ラジオをつけて」という意味になります。
　　listen と同じ「聞く」の意味で hear がありますが，hear は「実際に演奏しているところへ聞きに行く」のように，近い動詞を意味します。

(5) What kind of TV program is **on** now?
(今はどんなテレビ番組をやっていますか？)

「テレビ番組をやっている」はテレビ番組が「（動いて）機能する」という意味です。なるほど，納得ですね。

---

(6) How long have you been **on** there?
(そこでどれくらいの間働いているのですか？)

on の「（動いて）機能する」という意味から，「人が機能する＝働く」となります。

◎〜を目的として，あてにして

(1) He went to China **on** business.
(彼は商用で中国へ行ったんです)

on の意味は「ある目的のために動いて」ですから，on business で初めて「仕事を目的として」というニュアンスが出てくるのです。したがって「商用で」とすることができます。

---

(2) He is speaking **on** Japan.
(彼は日本について話している)

「彼は日本を目的として話す」というニュアンスから，「日本について」「日本に関して」という意味が生まれます。in のところで後述しますが，on は「直面している（＝〜の最中）」という意味があります。in を用いた場合，「すでに経験したことについて」という意味になります。また，about は「広域にわたって」「全体的に」話す場合に用います。

Chapter 1　西村式『前置詞の動き・空間・距離・方向・時間』がいとも簡単にわかる！

(3) She went shopping **on** Harajuku.
　　（彼女は原宿へ買物に行った）
　　　「原宿を目的として」，つまり「あてにして」というニュアンスから，「原宿へ」という意味になります。
　　　on は近い目的とする場所に用います。

(4) The criminal hit him **on** the head.
　　（犯人は彼の頭を目がけて殴った）
　　　on the head で「彼の頭を目がけて」という意味になります。

(5) A: What is it based **on**?
　　　（それはどういう根拠があるんだい？）
　　B: Nothing in particlular.（いや，べつに）
　　　What 〜 on? で「何を目的として」「何に心を傾けて」「何を頼りに」つまり「どうして」という意味です。
　　　be based が「基づいている」「根拠とする」ですから，全体で「どうしてそうなるのか」「何を根拠にしているのか」になるのです。

(6) That depends **on** you. I rely **on** you.
　　（君次第だよ。僕は君を信用しているんだ）
　　　depend の本質は「〜によって決められる」なのです。
　　　depend on you で「あなたの動きを目的として，あてにして」「君次第である」というニュアンスが出てきたのです。

1. on

◎続けて,進んで

(1) **on** and **on**(どんどん続けて[=進んで])

　　onは「動く」という意味がありますから,因果関係の法則で「進む」となります。ですからon and onで「どんどん」「続けて」「進んで」という意味が出てきます。

(2) Please go straight **on** this way and you can find the station **on** your right side.

　　(どうぞ,この道をまっすぐ行ってください。そうすると右手に駅がありますよ)

　　straightの意味は「まっすぐに」その結果「ずっと」「ちゃんと」になります。ですからstraight onとやると「まっすぐ」「連続して」になるのです。

働き	onの使用例	ニュアンス	意味
機能する	watch the baseball game **on** TV	テレビを機能させて野球を観る	テレビで野球を観る
	play music **on** the piano	ピアノを機能させて音楽を演奏する	ピアノを弾く
	talk **on** the telephone	電話を機能させて話す	電話をする
目的としてあてにして	live **on** rice	米をあてにして生活する	米を主食として生きる
	go to Tokyo **on** Sunday	日曜日をあてにして東京に行く	日曜日に東京に行く
	turn one's back **on** a friend	友達のいる方向を目的にして背を向ける	友達に背を向ける
	attack **on** the city	その街を目的として攻撃する	その街を攻撃する
	on sale	セールスを目的として	売り出す
続けて進んで	walk on and **on**	どんどん歩く	歩き続ける

Chapter 1 西村式『前置詞の動き・空間・距離・方向・時間』がいとも簡単にわかる！

2. on は「動いて」「傾く」

　英語はいついかなる場合にも，因果関係によって，「こうすればああなる」といった具合に意味が広がっていきます。

　もちろん，on もその例外ではなく，「動く」という意味からは「傾く」「〜に心を傾ける」「〜の負担になる」その結果「加わる」という意味が出てきます。

　さらに「傾く」という意味から，良い方向に傾けば「**(ことが)うまく**」「**〜が好きである**」「**気に入る**」「**応援する**」「**賛成する**」「**支えになる**」という意味が出てきます。
　逆に悪い方向に傾くと「**〜の負担になって**」「**〜がのしかかって**」という意味が出てきます。

◎傾く（いい方にも，悪い方にも，要するに傾くこと）
(1) This fee is **on** me.（これは俺のおごりだ）
　　「この費用は私に傾いている」，「費用は自分の負担である」，つまり「この費用は私のおごりである」という意味になります。日本語と違って英語では「方向」で考えるのです。

----

(2) I don't care for (= like) greasy food. It's heavy **on** my stomach if I eat it.
　　（油っこいものを食べると胃にもたれるからイヤだよ）
　　「胃にもたれる」とは，その結果「胃の負担になる」ということで，「大量,多額のものがのしかかっている」ニュアンスなのです。そして因果関係の法則から，「重くなる」

「負担になる」「重くのしかかって動きにくい」などという意味が出てくるのです。

また，care for ～は「～へ思いやりがある」という意味です。

---

(3) It's heavy **on** her arms because she is holding a big baby.
(彼女は大きな赤ちゃんを抱いているので，腕に負荷がかかる)

---

(4) Can you stand **on** your head?（さかだちしてごらん）
「頭を支えにして立つ」，つまり「逆立ちをする」という意味が出てきます。

---

(5) I want to try to that **on** my life.
(それに命がけで挑戦したいのです)
on my life で「命を傾けて」というニュアンスから「命がけで」という意味が出てくるのです。

---

(6) I'm **on** you.（あなたに賛成です）
「相手の意見に心を傾ける」ということで「賛成する」の意味が出てきます。

---

(7) She is much **on** sweet food.（彼女は甘党だね）
(= She has a sweet tooth.)
「甘いものに心が傾く」で「甘党」と考えられます。

(8) Don't hang **on** me.（甘ったれるんじゃないよ）
   (= You have to do what you can do by yourself.)
   「甘ったれる」というのは「相手にとって負担になるくらいに頼りすぎる」というニュアンスがありますので，hang on ～となります。

3. **on** は「加わって」

on には「働く」「傾く」「～に心を傾ける」その結果「～に加わる」という意味がありましたね。そして何が加わるかによっていろんな意味が出てくるのです。

(1) He has glasses **on**.（彼はメガネをかけている）
   「メガネをかける」ということは，「メガネが加わる」というイメージが浮かんできます。

(2) The poster is **on** the wall. Who has put it **on** the wall?
   （誰がその壁にポスターを張ったんだい？）
   「ポスターが壁に張ってある」は「ポスターが壁に加わっている」状態を示していますので，on のニュアンスですね。2つめの文「ポスターを張る」は，put に「～の方に動かしてやる」という意味がありますので，put ～ on が使えます。

(3) There is a nice tie **on** him. (= He has a very nice tie **on**.)
   （彼はいいネクタイをしているね）
   「ネクタイをしている」も「ネクタイが彼に加わっている」わけですから，on him で OK です。実に簡単ですね。

1. on

(4) He is sitting **on** the chair over there.
（彼は今，むこうで座っています）
「座る」も「イスに加わっている」という状態を示しますので，on the chair を使います。

(5) He is **on** the telephone.（彼は今，電話中です）
「電話中」とは「電話に加わっている」わけですから，on the telephone で OK です。

(6) He is **on** another line.（彼は話し中だよ）
「話し中」は「電話中」の応用で「ほかの電話に加わっている」わけですから on another line となります。

(7) **On** his way home, he'll stop at my house.
（帰る途中，彼は私の家に立ち寄るでしょう）
his way home で「帰る道」という意味なのですが，on をつけてやると「帰る道に加わっている」から「帰る途中」という意味が出てきます。

(8) About 2,000 people can be **on** the boat.
（あの船は 2,000 人収容できる）
「収容できる」は「2,000 人がその船に加わることができる」という意味ですから，on the boat です。

(9) He is **on** a juror.（彼は陪審員の 1 人である）
「陪審員の 1 人である」というのは「陪審員に加わる」という意味ですから，もう目をつむっていても on ということがわかりますね。

Chapter 1 西村式『前置詞の動き・空間・距離・方向・時間』がいとも簡単にわかる！

働き	on の使用例	意味
加わる	a boat **on** the lake	湖に船が浮かんでいる
	the story **on** newspaper	記事が載っている
	glasses **on** one's face	メガネをしている
	a talk show program **on** TV	トーク番組を放送している
	a shirt **on** him	彼はシャツを着ている

4. on は「〜に心を傾ける」

(1) I don't like so much **on** pop music.
　　（私はポップミュージックはそれほど好きではないわ）

(2) Highly condensed technology is concentrated **on** this machine.（高度な技術がこの機械には集結されている）

　「〜に心を傾ける」というニュアンスにおいて，(1) は「好む」を意味し，(2) は「1 カ所に集中する」という意味があります。

　このように分析していくと，on の意味が「〜の上に」の一本槍では通用しないことがわかりますね。

② in

- 「〜の中に」
- 「**すでに**」または「**あらかじめ〜に加わっている**」
- 「**仮に〜に加わるとするならば**」

「in の意味は〝〜の中に〟です」としか答えられない日本人がいかに多いことか。「1つの英語＝1つの日本語」ではないのですよ。

西村式メソッドですでに on を学んだ皆さんは，in の意味は「**すでに**」または「**あらかじめ〜に加わっている**」「**仮に〜に加わるとするならば**」であるといっても，もう驚いたりはしませんね。

たとえば，He is in trouble. を「困難なことがすでに加わってしまっている」というニュアンスでとらえれば，「彼は困難な状態に陥っている」という訳がスラスラと出てきます。西村式メソッドの英語なら「〜の中に」と訳すよりも，前置詞が置かれている状況をイメージすることができるのです。

えっ，まだ信じられない？　疑っていらっしゃる……。
ではもう少し例題をあげてみましょう。

(1) He is **in** Tokyo.（彼は東京にいる）
　　in Tokyo で「東京に加わっている」つまり「東京にすでに行っている」という意味になります。

---

(2) He has been **in** Tokyo for a long time.
　　（彼は長い間ずっと以前に東京に行ってしまっている）

「ずいぶん前に東京に加わった」つまり「彼はずっと以前に東京に行ってしまっている」という意味なのです。

さて，in のニュアンスがわかっていただけたところで，on との違いについて参考までに述べておきます。

on は「動く（機能する）」という意味があると学習しました。ほかにも「直面している（＝〜の最中である）」動きを意味します。

同じく in も「**加わる**」という動きを表す前置詞ですが，in には「**すでに，あらかじめ**」というニュアンスがあるため，in の方が on よりも以前に，すでに動作が行われているといえます。両者を比べるとこうなります。

in the circle（その輪にすでに，あらかじめ加わっている）
on the circle（その輪に加わっている最中）

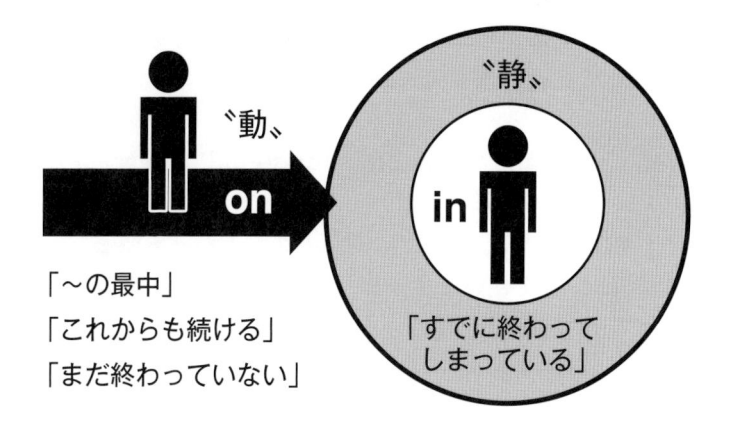

〝動〟
on
「〜の最中」
「これからも続ける」
「まだ終わっていない」

〝静〟
in
「すでに終わってしまっている」

onは動作の最中，つまり「まだこれからも続けてやる」「まだ終わっていない」を表す前置詞で，〝動〟を表します。

対してinは「**すでに，あらかじめ**」というニュアンスから，終わってしまっている動作を表すため〝静〟を表します。

従って「**加わる**」という意味においては，inの方がonよりも時制上は早いということになります。

1. inは「すでに加わっている」

(1) I'll be there **in** a few days.（2, 3日すればそこへ行けます）
　　　inの意味の「すでに，またはあらかじめ加わって」を未来形とともに用いると，「2, 3日してから」つまり「2, 3日すれば」という未来の結果を表します。

(2) I'll pay it **in** cash.（その代金は即金で支払います）
　　　cashは現金のことですから，in cashで「現金をすでに，またはあらかじめ加えて」つまり「現金をあらかじめ用意して」という意味になります。

(3) You can see the cherry blossoms **in** full bloom.
　　（いま，桜の花が満開です）
　　　「満開です」は，「すでに満開の花が加わっている」と解釈してinを使います。また，「シーズン真っ盛り」として，in seasonを使うこともできます。

(4) You should think of it **in** several ways.

（君は何通りかの方法でそれを考えてみるべきだ）

「何通りかの方法で」は「何通りかのやり方をあらかじめ加えて」と発想して，in several ways を用います。

---

(5) You should write it **in** red ink.

（ここのところは赤インクで書くべきである）

「赤インクで」というのは「赤インクをあらかじめ加えて」なので in red ink となります。

赤インクを直接指につけて書くことはありえませんね。「ペン」という道具を使って，そして「赤インク」で書くという動作は，2つの道具がそろって初めて可能となる動作です。その場合の前置詞は in を使います。

たとえばボールペンのように，手にした道具1つで直接完了できるものに対しては with を使います。

---

(6) I didn't have any confidence **in** that exam at all.

（私はあの試験はまったく自信がなかったのです）

「（前回に）テストを受けて」は，「すでに実際にテストに加わって」という経験を物語っているわけですから，in が使えます。また，at all（まったく）を入れると，意味を強調します。

---

(7) I'm not interested **in** that program.

（私はどうもあの番組には関心がないのです）

that program（＝あの番組）を以前（＝あらかじめ）観て，興味を失ったという体験を言っているのですから，in のニュアンスですね。

(8) I'm **in** with him.（私と彼は親しい仲である）

「彼と親しい仲」は、「彼とのよい関係がすでに加わって」という意味として、in が使えます。

ここでの with は「同時に加わって」つまり「私と彼の両方がすでに関係している」を表します。be 動詞単独の文では必ず意味を特定する動作、行為をした結果がこの意味になります。たとえば前文に、

They like each other.（彼らはお互いに気が合う）

その結果、in with him と因果関係を成立させる必要があるのです。

このように、「〜して〜だ」というときの「〜して」は、当然「すでに〜が加わっている」という状態を表しているので、すべて in が使えるのです。in の意味、on の意味、そして in と on の違い、わかりましたか？

前置詞	時制	動き	ニュアンス	使用例
in	遠	静	すでに動いて加わっている	He is **in** the bus. （彼はもうバスに乗って時間が経過している） I'm **in** my way to the company. （会社へ向かってしまっている） His house is **in** fire. （彼の家が燃えてしまっている） I wonder if what was **in** his mind. （彼の心に何かすでに加わっていたのかしら） （＝彼は何を思っていたのかしら）
on	近	動	動いて加わっている最中	He is **on** the bus.（今バスに乗っている） I'm **on** my way to the company. （会社へ行く途中である） His house is **on** fire. （今、彼の家が燃えている）

Let's take a coffee break!

英語を始めたきっかけ

　今でこそ日本一の英語教師を自称している私ですが，生まれたときから英語が話せたわけではもちろんありません。

　私の英語人生は苦労と涙の連続で，ここまでたどり着くのはとても長く険しい道のりでした。楽しかったことよりも辛かったことの方が断然多かったと思います。そのときのエピソードは今となっては笑い話ですが……。

　ずっと前置詞の勉強ばかりだと飽きるでしょうから，息抜きに読んでみてください。

　忘れもしません。私の長い長い英語人生が幕を開けたのは高校1年の夏でした。当時の私は英語が大の苦手で，野球一筋。ところが野球部を継続するには十分に背が伸びず，次第に身体的に厳しい状況になりました。それに追い打ちをかけるように肺炎を発症。「野球を続けるのは難しいでしょう」と医師から宣告された私はどん底に突き落とされました。

　あるとき，友人に誘われるままにESS（英語クラブ）のスピーチ大会を見に行きました。そこには巧みに英語を操る同級生のK子ちゃんがいたのです。
　「なんてかっこええんや……」私は彼女に一目惚れしてしまいました。

　野球の夢を打ち砕かれた落第少年が英語を始めたきっかけは，K子ちゃんへの憧れとコンプレックスだったのです。そこから私の怒涛の英語人生が始まるのです。

（p.97 につづく）

③ at

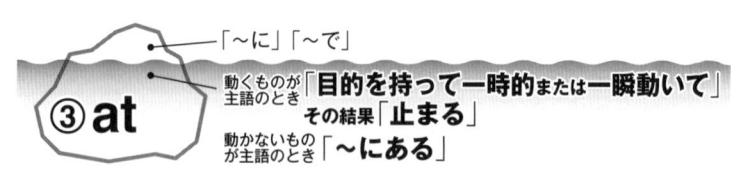

- 「〜に」「〜で」
- 動くものが主語のとき「**目的を持って一時的または一瞬動いて**」その結果「**止まる**」
- 動かないものが主語のとき「**〜にある**」

atは「〜に」または「〜で」という訳が広く伝わっていますよね。そうともいえるのですが、実はそれでは十分ではありません。

atの本質は「**一時的または一瞬動いて**」その結果「**止まる**」を意味します。ところが、「動く」という意味からは、主語に対してどちらに動くか、つまり「外部に動く」かそれとも「内部に動く」かによって2つの意味が出てくるのです。

atの働き	原因	結果
外部に一時的に動く	〜という目的に向かって	達する、当てる
内部に一時的に動く	一時的に受け止めて	止まる

1. at は「〜している最中」

「一時的に動く」という意味からは「**〜している最中**」という意味があります。

(1) He is **at** the table now.（今、彼は食事をしています）

英語の意味は「何の目的で使用するか」によって意味に広がりが出てきます。

なかにはテーブルで居眠りをする人もいるかもしれませんが、たいていテーブルは「食事」のために使われます。

at the table で「食事を目的として動いている」から「食事中」という意味が出てくるのです。

---

(2) A: Where are the children?（子供たちはどこですか？）
B: They are **at** that shop.（今あの店にいますよ）
「店にいる」は「一時的にその店にとどまっている」、つまり「～にいる」となります。
at that shop で「あの店にいる」という意味が出てきます。
at は動かないものが主語のときは「～にある」という意味ですが、動くものが主語の場合は「一時的に目的通り動く」、その結果「一時的に目的のために止まる(止める)」となるのです。

---

2. 動詞と at

何度もいいますが、英語の意味は、力と方向で決まります。
<u>at は一時的に動いて「**達する**」そして「**止まる**」というニュアンスから、限られた範囲の〝動〟と〝静〟の意味を持ちます。</u>

たとえば look は「～の方に目をやる」という意味ですが、「どこに目をやるか」、つまり「位置を明確にする」必要があります。
at の「目的のために一時的に止めて」というニュアンスから、look at ～で「～に一時的に目を止めて」という意味が生まれます。
at を使うことによって、look at ～は「ちょっと見る」という一時的な動作としてとらえることができるのです。
こうして考えると、「一時的に」という時制を表す動作はすべて at を使うことになります。

lookと前置詞の使用例を以下にあげてみます。

look＋前置詞の使用例	ニュアンス	意味
look at〜	一時的に目を止めて見る	〜を見る
look for〜	視野を広げて見る	〜を探す
look back〜	うしろに目をやる	〜を振り返る
look after〜	これから先のことを見る	〜の面倒を見る
look down〜	一点を見下ろす	〜を軽蔑する

(1) Shoot **at** him! Ready...? Go!
（奴を撃て！　用意はいいかい？　それ，やっちまえ！）
　　たとえが悪くてすみません。「奴を撃つ」は「奴を目的として撃つ」でatが使えます。

(2) I have a poor hand **at** sales but I'm good **at** reception.
（僕は営業は苦手だけど，接客なら得意だ）
　　atの「目的通り，一時的に動く」という意味から，at salesで「営業を目的として動く」，またat receptionで「接待を目的として動く」となります。
　　さらにこれらにbe good（上手である），have a poor hand（下手である）をつけると，be good at reception（接客が得意である），have a poor hand at sales（営業が苦手である）となります。
　　「be good at〜に対して，be poor at〜を使うのでは？」と思われがちですが，be poor at〜は「そのときだけ〜が苦手である」というニュアンスがあるのです。そのため，苦手なことは過去にすでに経験済みで身に覚えが

あるため，have a poor hand at ～の形を用いる方が自然です。

---

(3) He is standing **at** the door.
(彼は今，ドアのところにいるよ)
at には「一時的に止まって」という意味がありますから，stand at the door で「ドアのところに（一時的に）立っている」という意味になります。

---

(4) What? Did he run **at** her with a knife?
(何？ 奴が刃物を持って彼女を追いかけたんだって？)
run は「すばやく動く」「連続して動く」「流れる」，at her は「彼女を目的として」という意味ですから，run at her で「彼女を狙う，襲う，追いかける」といった意味が出てきます。

---

(5) This train is as fast as I've thought. It's running **at** 120 kilometers per hour or so.
(やっぱりこの電車は速いな。時速 120 キロは出ているよ)
at の「目的に向かって」という意味と，at 120 kilometers per hour の「時速 120 キロに」という速度の 2 点から，結果として「時速 120 キロで走って」という意味になります。

---

(6) Don't laugh **at** me that way.
(あんまり私の方を見て笑わないでよ)
at me で「私の方を目的として，ねらって」，つまり「私の方を見て」という意味になります。

(7) I was very pleased **at** the news.
　　（その知らせを聞いて本当にうれしいよ）
　　　「〜を聞いて」「〜を知って」「〜を見て」などは一時，または一瞬の動作ですから at のニュアンスです。at the news で「その知らせを受けて」という意味が出てきます。

(8) He married her **at** the age of 30.
　　（彼は 30 歳で彼女と結婚した）
　　　at の意味には「(目的に向かって, その結果)〜に達した」という意味がありますね。at the age of 30 で，「30 の年に達して」，つまり「30 の年で」になります。

(9) Oh! A car went **at** the wall again.
　　（うわっ！　また車があの壁にぶつかった）
　　　go は動く，at は「(動いて) 達する」ですから，ここでは「壁にぶつかる」という意味になります。
　　　ただこの場合，「車が壁にぶつかろうとしてぶつかった」という意味になり，少し不自然です。普通は，
　　A car went against the wall.
　　のように against を用いた方がよいでしょう。そうすると，「against ＋名詞」で「ぶつけられて」という受け身の意味が出てくることになります。

Chapter 1　西村式『前置詞の動き・空間・距離・方向・時間』がいとも簡単にわかる！

　このように，atは動詞に対して「**ある目的のために，一時的に動いて**」という状態を表します。

　以下，いくつか例をあげておきます。

◎「〜を目的として」「ねらって」

atの使用例	ニュアンス	意味
have an appointment **at**〜	〜時を目的として約束する	〜時に約束する
aim **at**〜	〜を目的としてねらう	〜を目標とする
arrive **at**〜	〜を目的として達する	〜に達する
play **at** being〜	〜を目的として（なりきって）遊ぶ	〜ごっこをする
throw the ball **at**〜	〜を目的としてボールを投げる	〜へボールを投げる
jump **at**〜	〜を目的として飛びかかる	〜を目がけて飛びかかる
catch **at**〜	〜を目的として捕える	〜をつかむ
gaze **at**〜	〜を目的として見る	〜の方をじっと見る
hit **at**〜	〜を目的としてねらって打つ	〜をねらう
kick **at**〜	〜を目的として蹴る	〜を蹴る

◎「動いて」「〜して」

この「動いて」は「一瞬，または一時的に動いて」という意味なのです。ですから〝動〟の状態を表すときは，atの目的語は，「動く」という動作，状態を表す名詞に限られます。ですから，その結果として名詞を動詞化する意味が出てくるのですね。

atの使用例	ニュアンス	意味
at full speed	一時的にフルスピードで動いて	全速力で
at a run	一時的に走って動いて	駆け足で
at one go	一時的に一回の動きをして	一回で
at a stroke	一時的に一撃の動きをなして	一撃で
at a breath	一時的に一息という動作をして	一息で
at sight	一時的に視力を動かして	ちらっと見て 見てすぐに
at once	すぐに動いて	直ちに
at cost	一時的に犠牲という動作を加えて	犠牲を払って
at 55 kilometers per hour	一時的に時速55キロで動いて	時速55キロ出して
at one's risk	一時的に危険という動作をして	〜を犠牲にして 危険をおかして
at one push	ひと押しという動作をして	ひと押しで

3. at ＋抽象名詞

さらに at ＋抽象名詞の場合はどうなるのでしょうか。名詞を形容詞化する意味では「**一時的に動いて**」から「**〜という状態に一時的になって**」というニュアンスが出てきます。

(1) Please make yourself **at** home (= at ease).
（どうぞくつろいでください）
  make は「〜させる」という使役の働きをします。家は「くつろぐ」ためのものですよね。そのため make yourself at home で「あなたを家にいるような気分にさせる」つまり「くつろぐ」という意味が出てきたのです。同じように at ease（気楽に）も使えます。

(2) Anyway, cherry blossoms are **at** their best.
（とにかく，今が桜の見頃だよ）
  at one's best は「一時的に最高の状態になって」ですが，主語が桜ですので「見ごろ」という意味が発生します。

(3) I was **at** a loss to hear that.（それを聞いて困ったよ）
  loss は「損失」「消失」「死傷」「敗北」など，ネガティブな状態を表していますので，at をつけることによって「**一時的に困った状態になる**」つまり「途方にくれて」という意味が出てくるのです。

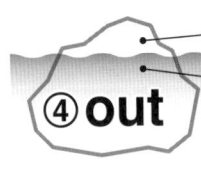

④ out
- 「外に」「目的とするところからはずれて」
- 「外に向かって」「広まって」
  その結果「機能し尽くす」「力尽きる」

outは「外に」「目的とするところからはずれて」と訳されていることが多いのですが，西村式メソッドでは，英語は因果関係によって意味が広がると考えるため，もう少し掘り下げて説明します。

「外に向かう」という意味があれば，その結果として「広まって」そして「機能し尽くす」「力尽きる」というニュアンスになります。たとえば，all outからは「(機能し尽くして) へとへとに疲れる」という意味が出てきます。

「何がどうなるか」によって，outの意味に広がりが出てきます。以下に例をあげてみます。

outの使用例	ニュアンス	意味
I will go **out** to California.	人が外に出る	出かける
The cherry blossoms bloom **out**.	花が外に向く	咲く
He was **out** because of sickness.	職場や学校の外に出る	休んでいる
The book has published **out**.	本が外に向かう	出版される

ここで太陽の動きをイメージしてください。実は太陽が東の水平線に完全に姿を現すことや，反対に，西の彼方に太陽が沈んで姿が見えなくなることはoutのニュアンスを象徴しているのです。

The sun is out.（太陽が出ている）
The sun has gone out.（太陽が沈んだ）

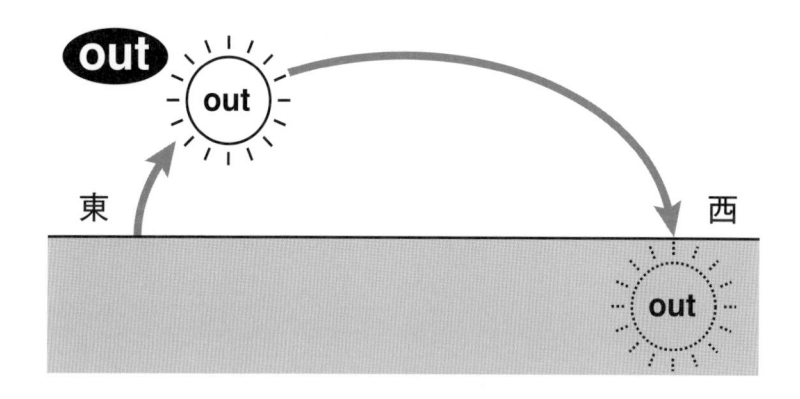

1. out ofは「外に出て」その結果「はずれて」「遅れて」を表す

(1) What you've said is **out** of the target.
（君が言っていることは要点からはずれている）
> out of 〜で「〜の外へ」「〜をはずれて」という意味になります。out of the target で「要点からはずれて」つまり「おかど違い」のニュアンスが出てくるのです。

----

(2) It's **out** of the question for me to do so.
（そんなこと僕にできっこないよ）
> question は「質問」「問題」「事柄」という意味です。out of the question で「(その質問，問題，事柄) からはずれている」つまり「できっこない」という意味が発生してくるのです。

(3) These good are **out** of date.（その商品は流行遅れだ）
　　date の意味に「時代」「年代」の意味がありますから，out of（ズレている，遅れている）をつけると，「時代遅れの」という１つの熟語になるのです。

(4) It's **out** of it.（それはオレとは無関係だね）
　　it には「そのもの」，つまり「事実」という意味があります。out of it で「事実からはずれる」，つまり「事実とは無関係の」「事実から遠のいた」という意味が出てくるのです。

(5) She's **out** of hearing what I've said.
　　（彼女は話が聞こえないところにいます）
　　out of hearing で「聞くという目的からはずれたところにいる」，つまり「聞こえないところにいる」という意味なのです。

(6) Don't put the lighter **out** of my reach.
　　（そんな手の届かないところにライターを置くなよ）
　　「～の手の届く範囲」は within ～ なのですが，ちょっと発想法を変えてみましょう。reach は「手，力，能力の及ぶ範囲」という意味がありますので，out of reach で「手の及ぶ範囲からはずれて」，つまり「手の届かないところ」という意味が出てきます。

(7) She is **out** of her mind. Don't you have any good idea to help her?
　　（彼女は頭がおかしいよ。君，何とかしてやってくれないか？）

in one's right mind は「本来の」「正常な」という意味ですから，out of one's mind で「正常な頭脳が機能しない」つまり「頭がおかしい」「正常でない」というようになるのです。

---

(8) This machine is **out** of order.
（この機械は調子がおかしいよ）

order の意味は「あるべき状態，順序，秩序」ですから，out of order で，「状態がおかしい」「順序，秩序通りでない」となります。

> **参考** order は「順序」という意味においては an という冠詞を入れないのですが，「注文する」「あつらえる」という意味では冠詞を入れます。
>
> I will give him an order of another car.
> （彼に別の車を注文する予定だ）
>
> 普通，数えられる名詞の前に冠詞の a または an を入れますが，a または an には「意図する」「目的とする」という意味もあります。
> ここでは「a または an ＋動作，行為」つまり，an order で「注文しよう」という意図を表しています。

いくつか out of ～の熟語を使った例をあげてみます。

out of～の使用例	ニュアンス	意味
out of door	戸口から外へ	屋外の, 戸外の
out of pocket	ポケットから外へ出て	現金払いの, 即金の
out of sight	視界から外へ ※sightは「視界」の意味	見えなくなって
out of print	出版物が外へ	絶版の
out of the way	人の往来から 外れたところ	へんぴな, 奥まった, 風変わりな
out of sleep	睡眠状態から外れる	目が覚める
out of one's sense	意識が遠のく	気が変になる
out of mind	記憶から外れる	忘れられる
out of focus	焦点が外れる	ぼやける

2. out は「広まって」

out には「外に」という方向性から、〝動〟へと広がりを見せます。

主語	述語	意味
the book	be **out**	出版される
the news		ニュースが流れる
the rumor		うわさが流れる
the secret		秘密が流出する
water		水が流れる
flowers		花が咲く

(1) I've heard the secret in our company is **out**.
　　（どうやら我々の企業秘密が外部に漏れたらしい）
　　　「秘密が漏れる」は「秘密が外に向かう」で、まさにoutのニュアンスそのものですね。

(2) Why is this kind of rumor **out** now?
　　（なぜそんなうわさが広まるんだい？）
　　　うわさが広がる場合も out が使えますね。
　　　ときどき電車に乗っていると、乗客のスーツのウエストからシャツが外へ出ているのを目撃します。このような状態は The shirt is out. で「シャツが外へ飛び出している」と表現できます。

(3) This book has been **out** as one of the best sellers for about three weeks.
(この本は3週間にわたってベストセラーを快進撃中です)
「本が出版される」も「外部に出る」という意味で，方向性からいえば外になりますから，out が用いられます。

(4) Oh, no go. Water isn't **out**. (あれ，水が出ないよ)
「水が外へ出る」は説明いりませんね。no go は，ことがうまくいかないときに用います。日本語の「ダメ」という意味なのです。

(5) Wherever you go flowering, cherry blossoms won't be **out** yet.
(どこに桜の花を見に行っても，まだ咲いていないわよ)
「花は広がるように咲く」というイメージから，「咲く」も方向からいえば外ですから，out を使います。

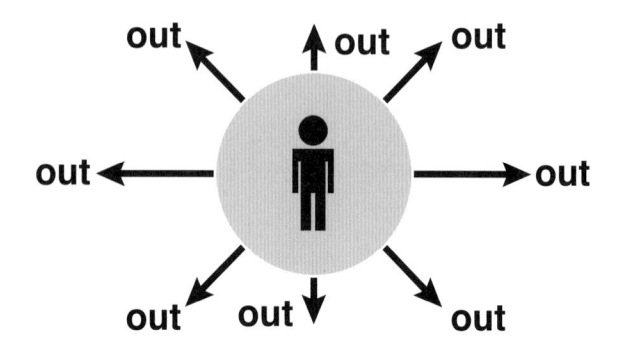

3. out は「消えて」「〜し尽くす」

　命あるものは，いつかは滅びるものです。「**衰えさせる**」「**尽きる**」「**消える**」という意味が out にはあるのです。いくつか熟語をあげてみます。

動詞+out の使用例	ニュアンス	意味
go **out**	外へ動く	外へ出ていく，すたれる，(火などが)消える，(職を)退く
wear **out**	身にまとっているものが尽きて	はけなくなる，すり切れる
put **out**	〜の方に運ぶ，生じさせる	外にやる，生産する
	衰えさせる，尽きさせる	消す，衰退させる
get **out**	向かう	外に向かう，出ていく
	向ける	引き出す，取り出す
make **out**	外に姿かたちを表す	作成する，書き表す
	衰えながらも進んでいく	どうにかやっていく
stay **out**	外で待機する	外に出ている，外泊する
run **out**	外に広まる	外に出る，流れ出る
	早く外へ向かって動く	すぐに尽きる
cut **out**	切る，消す	エンジンを切る

⑤ for

- 「〜のために」
- 「〜を求めて」「〜を目的として」その結果「〜に向かう」
- 「〜の代わりをして」「〜を受けて」その結果「〜をしてもらう」
- 「〜(期間)の間」

for の意味を「〜のために」と覚えていらっしゃる方，多いのではないでしょうか。

これだけではニュアンスとしては不十分で，本来は「**内部，外部の両方向に向かう，向けられる**」という意味があるのです。

for は「**何かを与える代わりに，それに見合う代償を得る**」「**〜してもらったから，それ相応のものを返す**」という往復運動なのです。

さらに内と外，それぞれ向かう方向によっても意味が異なってきます。

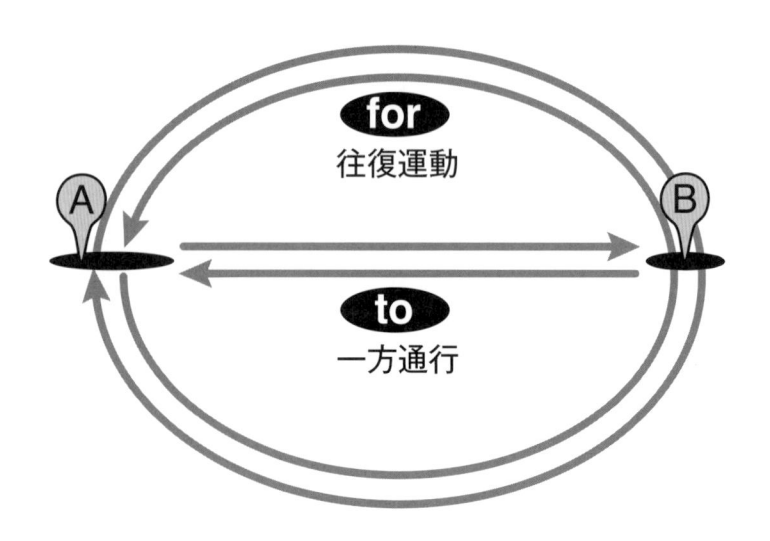

for 往復運動

to 一方通行

1. 外へ向かう場合，for は「～を求めて」「～を目的として」その結果「～に向かう」

◎ for ＋動詞 ing ～

for の「～を求めて」というニュアンスから，for ＋動詞 ing ～で「～するために」という意味が出てきます。その結果**「それ相応のもの，対等の結果を求めて得る」**を表します。

for＋動詞 ing～の使用例	ニュアンス	意味
for shopping	買物を求めて	買物をするために
for traveling	旅行を求めて	旅行をするために
for watching a movie	映画鑑賞を求めて	映画を観るために

◎ for ＋名詞句

ほかにも，**for ＋名詞句**の形でも**「～を求めて」**と表すことができます。以下に例文をあげます。

(1) He is looking **for** a job on trade.
（彼は今，貿易関係の仕事を探している）
for a job で「仕事を求める」，look for a job で「仕事を探す」という意味が出てくるのです。その言葉の意味には「それ相応の給与はもらうよ」というニュアンスまで推測して考えてください。

(2) We have to fight **for** raising 12,000 yen's salaries a year to make our living.
(我々の生活を守るためには，闘って 12,000 円のベースアップを勝ち取らなければならない)

    12,000 円のベースアップを手に入れるために闘うわけですから，fight for 〜となります。

---

(3) He has been longing **for** her coming here.
(彼は，彼女がここへ来るのを首を長くして待っていた)

    long は「長く待つ」ですから，for をつけて「切望する」という意味になります。

---

(4) Who are you waiting **for**? (誰を待っているの？)

    「誰を求めて」は Who 〜 for? の型を用います。wait に for を用いて「〜が来るから待っている」のようにその理由を表します。

---

(5) I haven't seen you **for** a long time, have I?
(久しぶりですね)

    for a long time の「長い間求めて」という意味と，haven't seen you for a long time の「長い間求めて，相手に会えなかった」から，「久しぶり」というニュアンスが出てきます。ここは for a long time で時の連続と考えた方がいいですね。

---

(6) That's enough **for** today. (= so much **for** today)
(今日はここまでです)

    for の「〜を目的として」という意味から，for today

で「今日の目的を果たして結果を得たから、今日はそれで十分だ」となります。それに that's enough を加えて「今日はそれで十分である」という意味が出てきます。

2. 内に向かう場合, for は「〜の代わりをして」「〜を受けて」その結果「〜をしてもらう」

for には,「〜の代わりをして」の意味から, その結果「**相手の行為を受けて**」「**〜してもらう**」といった意味が出てきます。

(1) Thank you **for** coming here all the way.
  (わざわざおいでいただいて、ありがとうございます)
　　本来は自分の方から行かなければならないのに、わざわざ相手が来てくれたわけですから、for の「〜してもらう」が使えますね。

(2) A: What does JR stand **for**? (JR って何の略なの?)
　　B: It stands **for** Japan Railways. (Japan Railways の略さ)
　　stand の意味は「一時的にじっとしている」, そしてその結果「いる, ある」という意味なのです。それに「〜の代わりに」の for をくっつけると「〜の代わりにある」という意味が出てきます。

(3) He took her **for** my younger sister.
  (彼は彼女を私の妹と勘違いした)
　　take は、ここでは「思う」という意味になります。for の「〜の代わり」という意味から、take A for B で「A を B の代わりと思う」となります。

(4) He cried **for** pain on his left foot that was injured in the traffic accident.

(彼は交通事故で左脚をケガし、その痛みで泣いた)

　　for の「〜を受けて」という意味から、for pain で「痛みを受けて」になります。そして「その痛みが足に加わっている」わけですから、先に述べた on を使って on his left foot にします。

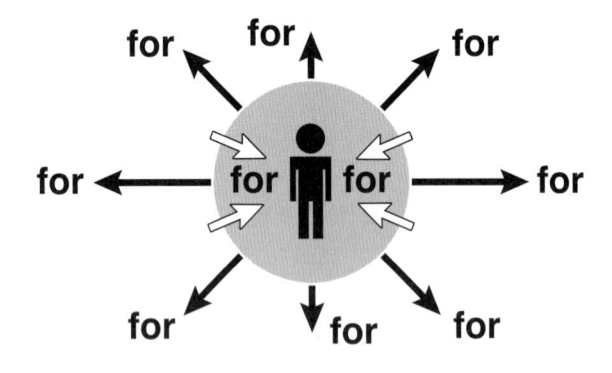

Let's take a coffee break!

初公開！ 学生時代の英語学習法①

英語が得意なK子ちゃんを好きになってしまった私は，一歩でも彼女に近づこうと必死に英語を勉強しました。寝ても覚めても英語，英語の日々でした。

しばらくしてI have nothing ～の構文で，私はつまずいてしまいます。nothingと言えば，学校では「何もない」と習いました。「何もないものを持っている」「何もないものがある」……？？そんなのありえんやろ！「どうしてこうなるのか？」と問いただしても誰も答えてくれません。先生に質問すると「そんなことを考えている時間があるなら単語の1つでも覚えなさい！」と冷たくあしらわれるだけでした。

「どうしても英語が理解できない」と母に相談すると「下宿している大学生に教えてもらいなさい」とHさんを紹介されました。私はわからないことをどんどん質問し，Hさんは根気強くそれに丁寧に答えてくれました。Hさんにはとても感謝しています。このご恩は今でも忘れません。

参考書を読んで勉強していると，いつもつまずいたのは例文でした。例文の中に出てくる単語やイディオムがわからず前に進めなかったのです。困り果てた私は時事英語辞典とイディオムの本から抜粋し，当時のオープンリールのテープレコーダーに単語を1つずつ，発音と意味を吹き込みました。

このような手法で約32,000語を覚えたのです。これだけ覚えるのには2年を要しました。気がつくと受験英語をはるかに上回る語彙力が身についていたのです。

(p.107につづく)

⑥ by

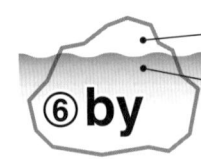

- 「〜によって」
- 「〜の力で（＝他の力を頼って）進む」その結果
- 「目標に少し足りない」または「通り過ぎる」
- 「手段に全面的に依存する」「〜のそばに」「少しずつ動作を行う」

by は「〜によって」と訳する以外にも，まだまだ秘めた働きがあります。

by の意味は「〜の力で（＝ほかの力を頼って）最少の単位を進む」という意味なのです。そしてその結果「**目標に少し足りない**」「**通り過ぎる**」といった意味が派生してくるのです。

1. by は「ほかの力で」「ほかの力を借りて」「〜をあてにして」

私たちは生きていることが当たり前のように日々過ごしていますが，毎日元気でいられるのも，実は家族やまわりの環境のおかげであり，そして，便利な道具や進んだ医療などのおかげなのですね。このように，<u>人の力または道具の力に依存するというニュアンスは，まさしく by なのです。</u>

ほかに依存する前置詞としては with がありますが，<u>by が**全面的に依存する**のに対して，with は一部のもの（ほかにも選択の余地があったもの）に依存することなのです。</u>

◎ by と with の違い

	by と with の違い	意味
by	It was repaired **by** him.	これは彼に全面的に修理してもらった
with	I repaired it **with** this tool.	この道具を使ってそれを修理した

話が横道にそれますが、ついでですので、be について表にまとめましたのでご覧ください。

◎ be（〜という状態が加わっている）

	be＋過去分詞＋by 〜	be＋動詞 ing〜
例	I was tricked by him. （彼にだまされました）	I'm trying to talk with him. （今、彼と話すところです）
働き	受動的	能動的
ニュアンス	**現在形** 他の力によって 〜という状態が加えられている **過去形** 他の力によって 〜という状態が加えられた	今まさに〜しようとしている これからも〜しようとしている
意味	**現在形** 〜によって〜されている **過去形** 〜によって〜された	〜している最中

---

(1) It was written **by** him.（それは彼が書いたものだわ）

　　動詞 ing の意味が「自らがこれからまさに行動しようとしていること」「いま行動していること」であるのに対して、過去分詞の場合は「ほかのものによってすでに動作が完了している」という形容詞的な意味になります。

---

(2) You have to play golf **by** the rules.

　（ゴルフはルールを守ってやらなきゃダメだよ）

　　by the rule で「ゴルフをするときに決められたルールをあてにして」となるので、「ルールを守って」という意味が出てきます。

(3) We cannot judge one **by** looks.
 (人は見かけによらんものだ)
　「外見」は人の姿や形ということで look や appearance が使えるのですが,「見かけだけに全面的に依存する」と発想すると by looks となります。

(4) I know him **by** name only.（彼の名前だけは知っている）
　I know him で「私は彼を知っている」ですが, by name only を加えると「頼りになるのは名前だけ」, つまり「名前だけは」になります。これは by に全面的依存のニュアンスがあるからなのです。

◎ in と by の違い

	in と by の違い	意味
in	Let's go there **in** my car.	僕の車で行こうよ
by	Let's go there **by** my car.	

　どちらも「僕の車で行こうよ」という意味ですが, by my car を使うと「僕の車で」というこだわりの意味が強調されます。ほかの車やレンタカーではダメだというニュアンスです。強いこだわりなどないときは in my car を使いましょう。

2. by は「〜の力で（＝ほかの力を頼って）進む」その結果「目標に少し足りない」

　by の意味はすでに述べましたように「ほかの力で」なのですが, 英語の意味は, いついかなる場合でも因果関係によって広がってきます。「ほかの力」をあてにすると, もしくは利用

するとどうなるか，と発想しましょう。そうすると，

①〜される　②やられる　③〜の近くまで進む

という意味が派生してくるはずです。
　①や②は，受身形という名で学校で教わったと思うのですが，③は「**〜の近くまで進む**」その結果「**最少幅の空間において**」「**〜の差だけ**」を意味するということを覚えておいてください。

◎ **by** を使った最少幅の表現

単位	最少幅	by	単位
時間	秒	**by**	step
	分		second
	時		minute
歩幅	一歩		hour
距離	メートル		meter
	フィート		feet

　by の「〜の近くまで進む」という意味には，<u>目標地点に対して「あともう少し残されている」「少し通り過ぎて」の2つの意味があるのです。</u>

---

(1) Oh! I've missed the bus **by** three minutes.
　　（残念だなあ，3分の差でバスに乗り遅れちゃったよ）
　　　「残念だなあ」という表現は，
　　　Oh! That's unlucky.（ついていない）
　　　Oh! No go.（ダメだった）

It's gone.（逃してしまった）
でも OK です。

「3 分の差」は，この場合「目標に少し足りない」または「通り過ぎる」というニュアンスから，by が使えます。

---

(2) You should do the job little **by** little.
（少しずつその仕事をやればいいよ）

「少しずつ」は「**少しずつその動作を行う**」というニュアンスがありますが，こういう場合も by が使えます。

◎ **by** を使った「少しずつその動作を行う」の表現

by の使用例	意味
little **by** little	少しずつ
step **by** step	一歩一歩
one **by** one	1人ずつ
day **by** day	日ごとに
year **by** year	年々

---

(3) She'll have finished this job by the time I've come back.
（僕が帰ってくるまでには彼女はその仕事を終わらせると思いますよ）

by の「目標までにもう少し残されて」という意味から，by the time で「～するときまでに」という意味が出てくるのです。<u>by は最少値を表すので，「**～する最短のときまでに**」というニュアンスがあります。</u>

(4) My father usually gets up earlier than me **by** 30 minutes.（父は僕よりいつも 30 分早く起きる）

これも by の「目標までにもう少し至らない」という意味から「30 分だけ」というニュアンスが生まれてきます。

---

(5) I've paid the house owner too little **by** 2,000 yen.
（大家への支払いが 2,000 円も足りないわ）

もう説明しなくてもわかりますね。by 2,000 yen で「2,000 円足りない」という意味が出てきます。

---

3. by は「〜の力で（＝ほかの力を頼って）進む」その結果「通り過ぎる」

by には「**目標までにもう少し至らない**」という意味と，もう1つ「**目標を少し通り過ぎて**」という意味がありましたね。

(1) Why? She went **by** without looking at me.
（あれ？　彼女，私の方を見ないで通り過ぎて行っちゃった）

「目標を少し通り過ぎる」わけですから，by のニュアンスです。「通り過ぎて行った」は go by となります。

---

(2) We won the game **by** one point.
（今日の試合は，1 点差で勝った）

「勝つ」「得る」は win です。「1 点差で勝つ」は，「1 点だけ目標（相手チーム）に先んじる」ということで by one point が使えます。

逆に，負ける場合は「1 点だけ目標（相手チーム）に足りない」わけですから，同じように by が使えるのです。

「負ける」は lose the game ですので lose the game by one point で OK です。

---

(3) He came (too) late **by** five minutes.
　　（彼は5分だけここへくるのが遅れた）
　　　by five minutes で「5分だけ目標とする時間に足りない」つまり「5分遅れて」という意味が出てきます。

---

4. by は「〜のそばに」

前置詞には「英文の示す位置関係を明確にする」という仕事が与えられています。

by の「**目標から遠からず近からず**」「**最少の幅**」というニュアンスから「**〜のそばに**」という意味が派生してきます。

『スタンド・バイ・ミー』という映画がありますから，「〜のそばに」については一番覚えやすいのではないでしょうか。

(1) My company stands **by** Shinjuku station.
　　（私の会社は新宿駅のすぐそばにあります）
　　　by Shinjuku station を正確に訳すと「新宿駅を（東西南北に）過ぎたところ」と「新宿駅の東西南北の手前」という2つの意味が出てきます。何のことやらわかりませんね。ところが，これを一言でまとめると「新宿駅のそば」となります。

---

(2) You'd better go to bed **by** him because this place is very narrow.（ここは狭いから，彼のそばで寝た方がいいよ）

Chapter 1　西村式『前置詞の動き・空間・距離・方向・時間』がいとも簡単にわかる！

　このように by の本質は「**ほかの力で**」そして「**進んで**」その結果「**目標の近くまで至って**」なのですね。

　くどいようですが「目標の近くまで至る」という意味からは「目標まであといくらか残されて」と「目標を通り過ぎて」という，2 つの意味が出てくるのです。
　by に「〜のそばに」という意味が出てくるのもそのためなのですね。

	by の使用例	ニュアンス	意味
動詞 +**by**	put **by**〜	put＋**by** （〜方にやる）+（そばに）	〜のそばにやる 〜にたくわえておく
	sit **by**〜	sit＋**by** （座る）+（そばに）	〜のそばに座る
	stand **by**〜	stand＋**by** （立つ）+（そばに）	〜のそばで立っている 〜のそばにある
名詞 +**by**	a table **by**〜	a table＋**by** （テーブル）+（そばに）	〜のそばに テーブルがある
	have a news- paper **by** me	have a newspaper＋**by** me （新聞がある）+（私のそばに）	手元に 新聞がある

> **参考**
> A: How many minutes will be left before the departure?（出発まであと何分くらいですか？）
> B: 20 minute to go.（あと 20 分です）
> 　　to go は「離れるまでに 20 分ある」を意味します。覚えておくと便利です。

皆さんは by and by を学校で「やがて」と教わったと思います。実は，これも by の「進む」というニュアンスから派生した意味なのです。

by and by が「進んで，そしてさらに進んで」というニュアンスを持っていることから「もっと先の方」「やがて」の意味が出てくるのです。

同じように by a long way も，a long way が「遠い道」であり，by が「目標を通り過ぎて」ですから，「遠い道を通って」つまり「はるかに」「ズバ抜けて」という意味が出てきたのです。

(3) It will be **by** far difficult to understand it.
（それを理解するのはかなり難しいだろう）
by far の「遠くを過ぎて」のニュアンスから，「かなり」の意味が出てきます。

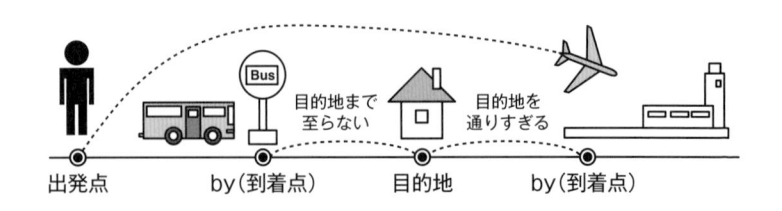

Let's take a coffee break!

初公開！ 学生時代の英語学習法②

　高校時代の努力の甲斐あって，めでたく京都外国語大学に入学することができました。もっと英語力を磨くために，まずは ESS に入りました。大学以外でもネイティブにも英会話を習うという徹底ぶりでした。

　大学3年になった頃，ショックな出来事が起こりました。
　私が発する1語1語に対し，ネイティブの先生が，
Pardon?（何ですか？）
I can't understand what you mean.（意味がわからない）
と突っぱねるのです。

「何でや！　英語が話せても通じない！」
　私は腹の底から男泣きをしました。泣いて弱音を吐いていても日が虚しく過ぎていくばかりで，ただ自分の実力のなさに落胆しました。しばらくショックで英会話の授業は中断することにしました。

　ある日ネイティブ同士の会話に耳を傾けていると，なんと彼らが使っていた英語は have, take, come, go, make, give, get, do, work など，**中学で教わったような簡単な単語ばかりだった**のです。
　その頃は「1つの英語＝1つの日本語の意味」と信じて疑わなかったのです。何しろ「暗記とくりかえし」の学校英語が絶対だと思っていましたから。

　それからというもの，「**学校で教わった英語は一体何だったのか？**」と考えずにはいられませんでした。そして「このままではいけない！」と奮起し，もう一度原点からやり直そうと決心しました。

（p.127 につづく）

⑦ with
- 「〜と一緒に」
- 「同時に動いて」「同時に加わる」
- 「一部のものに依存する」

withの意味は,「〜と一緒に」という訳に振り回されないようにしてほしいのです。

withの本質は,ある動作をするとき,直接であれ,間接であれ,**「同時に働いて」**という意味なのです。たとえば,

I cut an apple **with** knife.（私はリンゴをナイフで切った）

という英文があります。それをwithを使わないで表現すると,

I used knife and cut an apple.（ナイフを使ってリンゴを切った）

となります。そのため「ナイフを使う」という動作と,「切る」という動作は,withを使うことにより「同時に動く」という意味になるといえます。

withの**「同時に動いて」**という意味からは,その結果**「ついてまわる」**という意味が出てきます。妊婦さんが歩くと,お腹の赤ちゃんも同時についてきます。ですから「妊娠する」もShe is with a childと英語で用いられるのもこのためなのです。

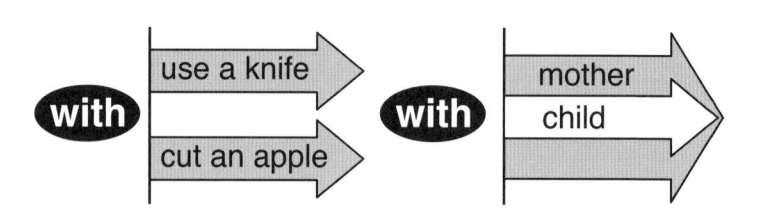

1. with は「同時に動いて」

(1) I want to talk **with** you for a long time while drinking.
（飲みながら，ゆっくり話し合おうよ）
　　「〜しようよ」というのは，Let's 〜 も使えますが，I want to 〜の方がここでは説得力があります。
　　talk with you に「あなたと一緒に話す」という意味が出てくるのは，「私とあなたが同時に話す」というニュアンスがあるからなのです。

(2) Don't come **with** me all the time.
（あんまりつきまとわないでくれよ）
　　自分が向かう方向に，まるで影のように同時についてこられると，場合によっては with も嫌なものですね。

(3) I don't have any relations **with** her.
（彼女とオレとは，何の関係もないぜ）
　　「関係する」は「2 人が同時に何らかの目的のために関わる」という意味ですから，これもまた with のニュアンスですね。

(4) I agree **with** you on this matter.
（この問題に対して，僕も君の意見に賛成だよ）
　　「君の意見に賛成する」は，「私も賛成」「君も賛成」つまり「同意する」ですから，これも with ですね。

(5) He went out **with** the gas turned on.
（彼はガスをつけっ放しで外出した）

ここでは「彼が外出した」という動作と「ガスをつけっ放しだ」という動作が同時にからんできますので、このような場合も with が使われるのです。

◎ with を使った「〜したままで」の表現

with の使用例	意味
with the door opened	ドアを開けたままで
with the documents left (as they were)	書類を放置したままで
with the TV turned on	テレビをつけたままで
with the engine started	エンジンをかけたままで
with their shirts on	シャツを着たままで
with the door unlocked	ドアの鍵をかけないで
with his face downward	顔を伏せたままで
with his fingers crossed	指をクロスさせたままで

2. with は「同時に加わる」

　英語の意味は因果関係の法則によって広がっていきますので、「同時に動く」という意味から、with は「**同時に加わって〜する**」といった意味が出てきます。

(1) I'm very pleased **with** your present.
　　（あなたからプレゼントをいただいてうれしいわ）
　　　with a present で「プレゼントが加わって同時に（喜ぶ）」つまり「プレゼントをもらって（うれしい）」になります。「プレゼントをもらうこと」と同時に「喜ぶ」という感情が出てくるため with が使えるのです。

(2) What's the matter **with** you?（どうしたんだい？）
　　　the matter with you で「あなたに加わっている問題」という意味です。また「加わる」というニュアンスでは on も使えます。What's the matter on you? でも OK です。

(3) **With** all my surprise, my girlfriend's father is the president of a large company.
　　（驚いたことに僕のガールフレンドの父親は大企業の社長なんだって）
　　　with all my surprise で、体全体で驚いている姿が想像できます。彼女が大企業の社長の娘であるという事実を知ったと同時に、全身に驚きがみなぎったという意味です。

⑧ up

「上に」
「動く」そして「上の方へ向かわせる」
その結果「最後まで，力尽きるまで，とことん動く」

この世の中すべて自分の思い通りに行くとは限りません。

あんなに猛勉強したというのに大学入試に失敗したり，あんなに仲がよかったガールフレンドにふられてしまったり……。

でも，どんなに逆境の中にあっても，必ず応援してくれる人や頼もしい仲間がいるものです。それが up なのです。

Stand up!（立ち上がれ），Wake up!（しっかりしろ），Up, up!（さあさあ），なんていう励ましの声が聞こえてきますね。落ち込んでいても，これらの声を聞くと勇気が湧いてきそうですね。

up といえば「上に」と覚えていらっしゃる方が多いと思いますが，up の本質は「動く」なのです。そして因果関係の法則から，「**動く**」そして「**上の方へ向かわせる**」その結果「**最後まで，とことん動く**」という意味なのです。

これをもっとわかりやすく言えば，横になっているものが「**動いて**」「**上に向かい**」そして「**力尽きるまで連続して動く**」そしてついには「**力尽きる**」というのが up に与えられた命なのです。

up の使用例	ニュアンス	意味
He is **up**.	動く	彼は元気である
He isn't **up** now.	上に	彼はまだ起きていない
He was all **up**.	尽きる	彼は力尽きた

1. up は「動く」その結果「連続する」「空間を埋める」

(1) He went **up** to Tokyo.（彼は東京の方へ行った）
　　東京の方へ「動いていく」ですから，go up が使えます。

(2) Then, let's warm **up** before swimming.
　　（それじゃ，泳ぐ前に準備運動をしましょうか）
　　warm は「温かくする」，up は「動いて」ですから，warm up で「動いて体を温めて筋肉をほぐす」という意味になります。

(3) My daughter has been growing **up** remarkably.
　　（娘もずいぶん大きくなったな）
　　grow は「大きくなる」，up は「動いて」ですから，「ますます大きくなる」というニュアンスが生じてきますね。

(4) I wonder if I can come **up** twice and hit in the same inning.
　　（この回で，もう一度打撃の順番がまわってくるかなあ）
　　「打席が二度まわってくる」は「打席が二度動いてくる」わけですから，come up twice で OK です。

(5) Excuse me, but please move **up** to the front, will you?
(恐れ入りますが，前の方にお進みください)

> move は「動く」，up も「動く」ですから，move up で「どんどん進んで」という意味が出てきます。to the front がつきますので「前の方に進んで」となります。

2. up は「～の方に，ことが起きて」

up の「動く」からは，因果関係の法則にしたがって「**～の上の方に**」と「**ことが起きて**」の意味が出てきます。そして「何が上に向かうか」によって，さらにいろいろな意味の広がりが出てくるのです。

(1) Kenji! **Up**, get up. （健司！　起きなさい）

> get は「向かう」，up は「上に」なので，get up で「体を起こして」，つまり「起きる」になるのです。

(2) What's **up**? （どうしたのかい？）

> 「ことが起こる」も up のニュアンスです。

(3) I think this bicycle has a flat tire. Try to pump **up** a tire, please.
（この自転車，タイヤがパンクしているみたいね。空気を入れてみてよ）

> flat は便利な単語です。パンクしたタイヤは，地面に接した部分がペチャンコになって水平状態になっています。ですから，英語ではパンクを flat tire で表現します。修理をして空気を入れてやると，タイヤが上の方に浮き上

がってきますので、これも up のニュアンスなのです。pump up で「ポンプで大きくふくらます」、pump up a tire で「タイヤに空気を入れる」となるのです。

(4) Which truck will the next **up** trains start from?
(今度の上り電車は、何番ホームから出るの？)
「上り電車」はまさに感覚的には「上の方に行く」ですから up trains となります。対して「下り電車」は down trains です。このように trains をつけると名詞となります。

(5) When will your third plant be **up**?
(いつ、おたくの第 3 工場は建てられるの？)
「工場が建つ」も、方向からいえば「上に」ですから、当然 up ですね。

参考までに、いくつか up の例文をあげてみましょう。

① When you came late, her temper was **up**.
(君が遅れてきたので、彼女、かんしゃくを起こしちゃったよ)
② The water level was 10 centimeters **up** as we had heavy rain. (大雨が降ったので、水位が 10 センチも上がった)
③ The people were **up** against their way of the policy which the government has taken so far.
(人々は立ち上がり、これまでの政府のやり方に反対した)
④ "The kite is **up**, **up** and **up** to the heaven."
(〝たこたこ上がれ、天まで上がれ〟)

⑤ 200 tents can be **up** in the camping place at least.
　（ここのキャンプ場，少なくとも 200 のテントが張れるね）
⑥ The price is going **up** about two percent this year.
　（今年は物価が 2 パーセント上昇する見込みだ）
⑦ Let's sail **up** a little more, then.
　（もう少し，上流の方へ船をこいで行ってみようよ）

3. up は「最後まで動作を持続させる，尽きる」

　日本人として，一度は富士山の頂上へ行ってみたいと誰しも思っていることでしょう。3,000 メートル級の上り坂を歩いて登るなんて，息が切れて辛いのに，なぜ毎年シーズンには登山客が絶えないのでしょうか？　そこには登り切った人にしかわからない達成感や感動があるからなのでしょうね。

　実は up にも，「動いて」「上の方に」という意味のほかに，「**最後の最後まで持続し続ける**」その結果「**尽きる**」という意味が出てくるのです。

　up は，機能をフルに使いきるまでがんばり抜いてくれる，実に頼もしい味方ですね。

　up を動詞の後に付け加えることによって「**目的とする動作に達するまでの連続した動作**」「**足りないことを補う**」という意味になります。

　また，burn（燃やす）や，break（中断する，こわす），cut（切る），bust（破裂する，爆発する）などの動詞に up をつけますと，表現が強すぎて怪獣映画や戦争映画の世界になっちゃいますね。

Chapter 1　西村式『前置詞の動き・空間・距離・方向・時間』がいとも簡単にわかる！

動詞	動詞＋up	意味
climb（登る）	climb **up**	登頂する
eat（食べる）	eat **up**	食べ尽くす
drink（飲む）	drink **up**	飲み干す

(1) You should break **up** this long sentence into the shorter one.（長文を短い文章にした方がいいよ）

break up の使用例	意味
The meeting breaks **up**.	会議が中断する（まだ続く）
The school (company) breaks **up**.	学校（会社）が休暇になる
The party breaks **up**.	パーティが散会する

(2) Please wrap it **up**. (＞ Please have it wrapped.)
　　（それをちゃんと包装していただけますか）
　　　　have には依頼の意味から，ここでは「～してもらう」になります。しかし，「ちゃんと包んで」ということなので，「最後まで動作を持続させる」ニュアンスの up を用いて，「包む」という動作を強調した wrap it up を使った方が適切ですね。

(3) Finally three houses have burned **up**.
　　（とうとう3軒も全焼したか）
　　　　burn は「焼く」という意味なのですが，それに up を入れると，「最後まで」「あますところなく」と burn を強調した形になります。「焼くという動作を最後までと

ことん継続する」,つまり「焼き尽くす」という意味が出てくるのです。

---

(4) Fill it (the tank) **up** with gas, please.
(ガソリンを満タンにしてください)
fill は「満たす」ですが,fill up とすると「ガソリンを入れる動作を最後まで持続させる」ことになりますから,「満タンにする」という意味になります。

---

(5) Please go straight **up**. You can find a post office this side of the bank.
(この道をまっすぐ行ってください。郵便局は銀行の手前にあります)
「まっすぐ行く」は go straight ですが, up を入れると「郵便局までの空間,距離を完全に埋める」「とことん」を意味し,その動作を強調します。

Chapter 1 西村式『前置詞の動き・空間・距離・方向・時間』がいとも簡単にわかる！

4. 形容詞＋up で閉鎖的な連続した状態を表す

1～3では動詞＋up で，「動作の強調」や「最後まで動作を持続させる」を表しました。ところが**形容詞＋up** とすると，閉鎖的な連続した状態を表すのです。

(1) My schedule has been tight **up** this week.
　　（今週はスケジュールが詰まっているんだよ）
　　　tight（詰まっている）に up をつけ加えると「連続して詰まっている」という意味になります。

---

(2) I've heard he is hard **up** for money.
　　（彼は今，お金に困っているみたいだね）
　　　be hard で「困った状態」それに up をつけ加えると，その状態が続いているわけですから「お金に困っている」になります。

---

(3) Please hold this stick straight **up**.
　　（この棒をちゃんとまっすぐ持っていてください）
　　　「まっすぐ持つ」は hold ～ straight です。これに up をつけ加えると，「まっすぐ持ち続ける」，つまり「グラグラしないように，しっかりと持ち続ける」というニュアンスが出てくることになります。

(4) I really want to get her **close-up** picture.
（彼女のクローズアップの写真がほしいんだ）
 close-up は「接近」という意味で，すっかり日本語として定着していますが，これも「カメラを接近させるという状態を続けた」結果から生まれてきたのです。

---

(5) I'm afraid he has been mixed **up** with a bad woman.
（まずいよ，彼は悪い女と関わりあっているみたいなんだ）
 mix は人間に用いると，比喩的に「関わる」という意味になります。特に異性との関係でよく用いられます。ここでは up があることによって「すでに長く関わっている」という状態を示しています。

 このように，up は「動いて」「上の方に向かい」「その状態を連続して」，そして「行きつくところまで至る」という一連の意味なのです。

 また up は，2者間に距離，空間があるときはその空間を完全に埋める働きをしてくれるのです。

Please come **up** this place.

とすると「相手とこの場所に距離，空間があるときに空間を埋める」というニュアンスから，「ここまで（連続して）おいで」という意味になります。

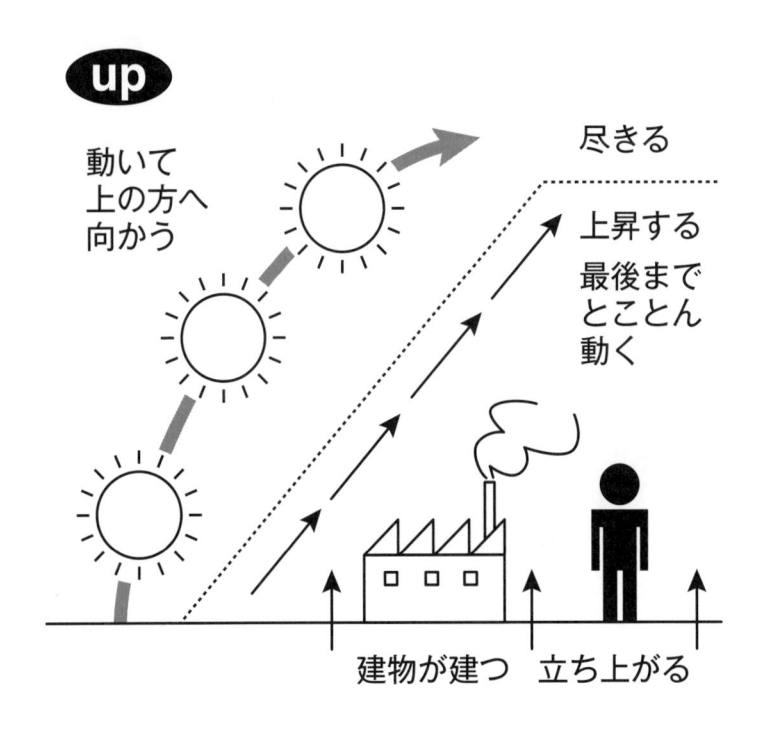

Chapter 1　西村式『前置詞の動き・空間・距離・方向・時間』がいとも簡単にわかる！

up

動いて上の方へ向かう

尽きる

上昇する

最後までとことん動く

建物が建つ　立ち上がる

⑨ along
- 「〜に沿って」
- 「〜に沿って進む」その結果「連続してつき進んでいく」

alongは単に「〜に沿って」と訳されていることが多いですが，因果関係の法則から，その結果として「**連続してつき進んでいく**」という意味が派生してくるのです。

このように，alongは「連続して」という意味があるため「進行」「移動」「連続」を目的とする動詞以外には，原則として使わないのです。

1. along は「〜に沿って進む」その結果「連続してつき進んでいく」

(1) Well, if it isn't Mr. Inoue. How are you getting **along** lately?（やあ井上君。元気でやってるかね？）

  getは，「向かう」「向ける」というニュアンスを持っています。これに「連続して進む」のalongをつけますと「ずっとやっていく」という意味になり，ここでは「日々をどうやって過ごしていますか？」となります。

(2) If you come **along** Route 1, you can find my house on your right side as you cross the third signal.
（私の家は，国道1号線沿いに進んで3つ目の信号を渡るとすぐ右側です）

  come（来る）にalongをつけ加えますと，「来るという動作を連続させて」つまり「ずっと来る」になるのです。

(3) I've heard that she seems to be well **along** in years.
（彼女はかなりのお年だそうです）
 be in years で「すでに年をとっている」，well along は「うまく連動して」ですので，be well along in years で「元気に年をとっている」という意味になります。でも，実際にはこんなまわりくどい言い方はせず，She is aged. と簡単に言ってくださいね。

---

(4) To tell the truth, he has known about that all **along**.
（実を言うと，彼は始めからそのことを知っていたのです）
 along（連続してつき進んでいく）に，all（終始）をつけ加えて，「終始ずっとつき進んで」から「始めからずっと」という意味が出てくるのです。

---

(5) I had seen the two of them before walking **along** arm in arm.
（腕を組んで歩いているあの2人，どこかで見たことがあるぞ）
 arm in arm は「腕に（別の）腕をすでに加えて」，つまり「腕を組んで」という意味です。ですから walk along arm in arm で「腕を組んでずっと歩く」となります。

---

(6) You'll make progress if you practice right **along**.
（ずっと練習をやっていれば，必ず上達しますよ）
 along の「連続して」という意味から「ずっと」というニュアンスが派生してきます。right は方向や場所を示す前置詞，副詞とともに用いて意味を強めます。

(7) I saw them talking **along** with him.
    (あいつら，ずっと彼と話していたぞ)
    talk along で「連続して話をする」つまり「ずっと話す」という意味になります。

---

(8) I took her **along** with me while visiting the States.
    (私は彼女がアメリカにいる間，ずっと案内してやった)
    take her along で「彼女を連れていくことを連続させる」から，「彼女をずっと案内してやる」という意味が出てくるのです。

このように<u>along は，進行を表す動作につけ加えると，「**ずっと進行する（させる）**」というように，その**動作の意味を強める働きがある**のです。</u>

同じような例をあげてみましょう。

① He ran **along** beside me without rest.
    (彼は休みもせず，ずっと私のそばを走っていた)
② If possible, I'd like to go **along** with you.
    (できればずっと一緒に行きたいですね)
③ Have you kept **along** this way?
    (あなたはずっとこの道を進んできたのですか？)
④ Beautiful flowers are planted all **along** this way.
    (きれいな花がこの道にずっと植えてあるわ)

2. along は「近くに進む」「遠くに進む」

along の「連続させて進む」というニュアンスから,「近くに進む」「遠くに進む」などの意味が派生してきます。

(1) Please come **along**.
　(どうぞ,もっと近くにいらっしゃい)
　　come も along も「近づく」ですので,come along で「もっと近く」という意味になります。

(2) He went back **along**.（彼は少し前に帰ったわ）
　　back は「さかのぼって」「後退して」という意味ですから,along「こちらの方に近づく」をつけくわえると「近くにさかのぼる」つまり「ちょっと前に」という意味が出てきます。でも,これは慣用句ですので,come along「もっと近く」とともに覚えておきましょう。

このように,along の本質は「連続して進む」なのです。「〜に沿って」という意味があるのも,「**(対象物に沿って) 連続して進む**」というニュアンスから派生してきているのです。come along that road に「その道路をずっと進んで」という意味があるのも,along に「連続して進む」という意味があるからなのですね。

3. along は「進む」「維持する」「身につける」をさらに継続させる

また along には,「進む」「維持する」「身につける」といった動作を,さらに継続させる意味でも使われます。

(1) You should bring your belongings **along** with you.
 (携行品を離さずにずっと持っている方がいい)
  bring 〜 along の形では「離さずにずっと持っている」という意味になるのです。

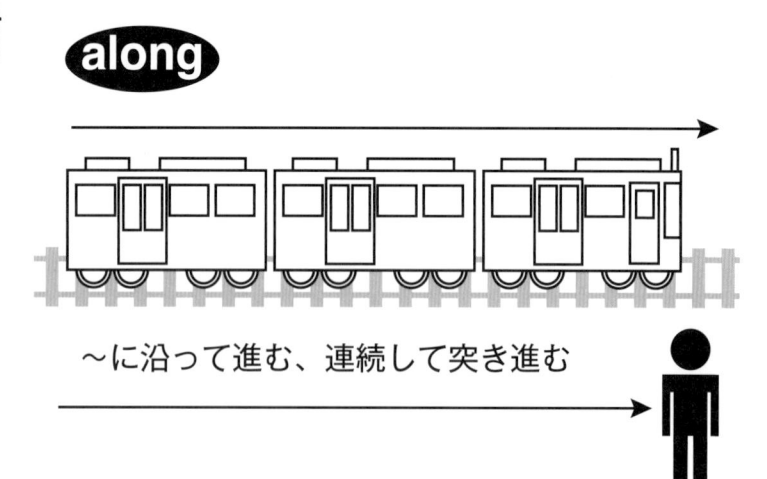

〜に沿って進む、連続して突き進む

Let's take a coffee break!

「情景発想法」誕生秘話①

　ネイティブの観点から英語を勉強し直そうと奮起した私は，ネイティブの会話がとても簡単な英語から成り立っていることに注目しました。

See, the bus is coming!

　この例文を理解するために，まず英和辞典を見てみると，see は「見る」と書かれていました。でも英英辞典ではなぜ同じ see に，「見る」だけでなく「会う」「わかる」「悟る」といった複数の意味が出てくるのだろうか？　日本語では比喩表現以外は「1つの単語に1つの意味しか出てこない」のに……。英英辞典と英和辞典とのニュアンスの違いはどこにあるのだろう？　と途方にくれていました。

　そして，考えているうちにあることに気がついたのです。それは英英辞典を翻訳したのが英和辞典であるということだったのです。
　つまり英和辞典の日本語訳は，英英辞典ではごまんとある see のニュアンスをまとめて載せているに過ぎなかったのです。

　私たちにとってもっとも重要なのは「なぜ see という単語にいろいろな意味が出てくるか」を知ることでした。これによって，

if you see ～（もしあなたが～を見れば）

の構文で，see に「会う」「わかる」「悟る」という意味が出てくることがわかったのです。

(p.133 につづく)

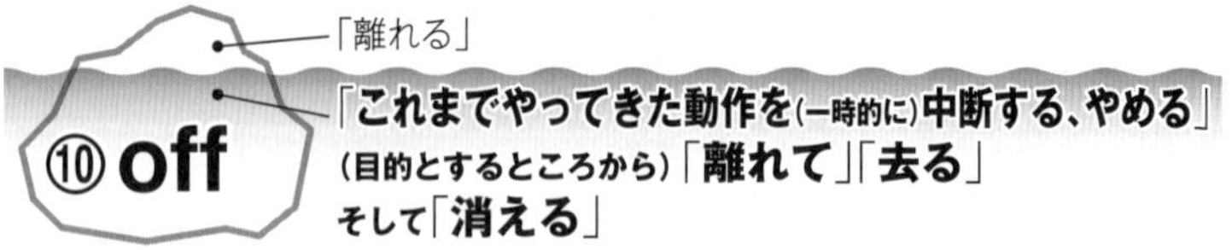

⑩ off

- 「離れる」
- **「これまでやってきた動作を(一時的に)中断する、やめる」**
- **(目的とするところから)「離れて」「去る」**
- そして「**消える**」

offは家の中や会社など、普段よく目にしています。そう、電灯や電気製品のスイッチには必ずonとoffがありますね。

西村式メソッドによれば、offの本質は「**これまでやってきた動作をその場で一時的に中断する（止める）**」なのです。

そして、因果関係の法則から「中断したらどうなるか」で、「**(その結果目的とするところから）離れて、進んでいく**」、そしてついには「**消える**」という意味と、「**(中断する以前の動作を）行う、実行する**」という意味が出てくるのです。

つまり簡単に言えば、<u>一時的に中断したあと、再び同じことをやるか、それとも中断したまま離れ、去り、まったく別の新しいことを始めるか</u>のいずれかの意味になるのです。

たとえば、play offの場合は、「これまで継続してきたplayを中断後、再び始める」、つまり「playして休み、一定時間後、日数後に再びplayする」という意味から「延長試合」の意味が出てくるのです。

Chapter 1　西村式『前置詞の動き・空間・距離・方向・時間』がいとも簡単にわかる！

1. off は「一時的に動作を中断する・止める」

(1) I've heard the game between the Giants and the Tigers were called **off**.
（巨人対阪神戦が雨で中止になったそうだよ）
　雨のため，本来なら行うはずの試合を「中断」するわけですから，off がピッタリですね。
　call は「宣告する」という意味から，off「一時的に中断する」をつけ加えて「中断されることが発表される」という意味になります。

(2) You should break **off** smoking because it's not good for your health.
（健康によくないのでタバコは完全にやめた方がいいよ）
　break は「中断する」，off も「やめる」「中断する」ですから，break off で「完全にやめる」という強い意味になります。

A: I'm **off** smoking.（タバコを一時的にやめている）
B: I break **off** smoking.（私はタバコを完全にやめている）
　後者のように break を入れることによって，「タバコを完全にやめる」という強いニュアンスになります。

　もしもあなたが喫煙者なら，break off smoking をおすすめします。近頃は公共の場所ではほとんど吸うことができなくなってしまいました。さらに海外では，日本以上にタバコのマナーに厳しいようですからご用心。

(3) I can take three days **off** after tomorrow.
（明日から3日間休めるよ）

明日から3日間，仕事や学校など，これまでやってきた動作を中断するというニュアンスです。

---

(4) He has been working without time **off** for a year. That's why he is very tired.
（彼はまったく休みなしで1年間働いてきたからな。だから疲れているんだよ）

time には「勤務時間」という意味もあるのです。off をつけると「これまでずっと働いてきた勤務時間を中断して」つまり「休み」ということになります。without time off で「休みをとらないで」となりますね。

---

(5) May I turn **off** the TV?（テレビを消していいかい？）

turn は「（スイッチを）まわす」，turn off で「これまでずっとつけていたテレビを中断する（切る）」，つまり「スイッチを消す」という意味になります。

---

2. off は（目的とするところから）「離れて」「去る」そして「消える」

因果関係の法則から，offにはこれまで続けてきた動作，または継続してきたものから「**離れて**」「**去る**」そして「**消える**」というように，意味に広がりが出てきます。

(1) You have to get **off** the train at the next station, all right?（次の駅で降りるのですよ。いいですか？）

off the train で「これまで乗ってきた電車を離れて」という意味です。get ～は「～へ向かう」「～へ向ける」の意味なので，get off ～で「～から離れて」という意味が出てくることになります。ここでは get off the train で「電車から離れて」つまり「降りる」という意味になります。

---

(2) That company is about 200 meters **off** from the station.
(その会社なら，駅から 200 メートル離れたところにあります)
　　off で「離れて」，off from the station で「駅から離れて」という意味となります。

---

(3) What you say is **off** the target, I think.
(君が言っていることは，目的とする意図からはずれている)
　　target が「目的」ですから，off the target で「目的からはずれて」という意味になります。

---

(4) I hear that he has been bad **off** lately.
(彼，だいぶお金に困っているらしいね)
　　bad は「ひどい」「困った」という意味なのです。off を加えると「その場で困っている」というニュアンスが出てきます。しかし，主語が人ですから「みじめな生活を送っている」「ふところ具合が悪い」などの意味が出てくるのです。

---

(5) You've been well **off** recently, haven't you?
(あなた，近頃だいぶ金まわりがよさそうね？)
　　be bad off は「困った状態に陥る」なのですが，逆に

be well off となると「その場はよい状態になる」「これまでとは違ってよりよい状態に向かう」つまり「暮らし向きがよい」「金まわりがよい」といった意味が出てきます。

以上これまで述べてきたように，off は「これまでやってきたことを中断する」という意味を忘れては，応用がききません。

He is off today. は「今日彼は休んでいる」と訳しがちですが，off を使っている以上「**これまでは出勤していたのだが**」という隠れた意味を忘れないでほしいのです。

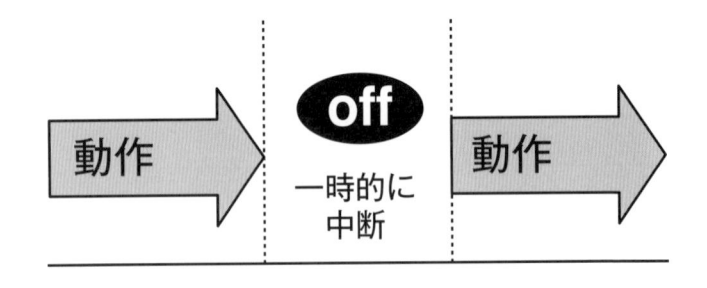

Let's take a coffee break!

「情景発想法」誕生秘話②

A: See, the bus is coming!（見て，バスが来るよ！）
B: If you see there, the bus is coming!
　（あちらを見れば，バスが来ているのがわかるよ！）

　この２つの例文は同じ意味を表しています。これによって「何がどうあれば，どういう情景の意味が出てくるのか」その結果「何がどうなるのか」という発想で単語を用いる発想法が必要であるとわかりました。
　ですから，「食べ残しはダメよ」を英語にする場合，単純に「日本語の訳＝英語の訳」との観点から，「"食べ残し"って英語でどう言うのかしら？」と考えるのではなく，「食べ残しはダメよ」＝「全部食べなければいけない」と考えると容易に英文を理解できます。

You must eat them all.（全部食べなさい）

簡単でしょう？　さらにこの文章の隠された意味を読み取ると，

Because we are eating what the god has given.
　（神から与えられたものを食べているからです）

と考えられます。
　ここまで英文の隠された表現を読み取ることができれば，英語をモノにできたも同然です。私はこれを「情景発想法」と名づけました。

　情景発想法はのちに『英語が１週間でいとも簡単に話せるようになる本』（明日香出版社）として出版されることになります。2008年発行以来，おかげさまで好評をいただいています。

（p.165 につづく）

⑪ around
- 「〜のまわりに」
- 「〜のまわりを動きまわる」「〜を目的として」
- 良い方に動きまわる「災難から逃れる」「避ける」
- 悪い方に動きまわる「(うまく動いて)裏をかく」「出し抜く」

around は「〜のまわりに」で有名な前置詞または副詞なのですが，その結果として「**動きまわる**」「**円状態に動いて**」という意味が出てくるのです。

around に関して，私にはこんなエピソードがあります。

私が京都外国語大学英米語科で学んでいた頃，同級生のとある女の子を映画に誘おうかどうしようか迷ってしまい，恥ずかしさゆえ自分の席と彼女の席のまわりをぐるぐると何度も歩きまわりました。今思えば初々しいですね。

そうです，まさにこの「ぐるぐると動きまわる」という行動は around を表しているのです。

around には「近くを動きまわる」という命が与えられているのです。しかも「動く」とはいっても方向がなく，「ただひたすら円運動をする」という条件がついているのです。

1. around は「円状態に動いて，動きまわる」

(1) A: How has he been?（彼はどうしているのかな？）
 B: He has been moving **around** on business.
 （仕事で動きまわっているよ）
  特に方向もなく「動きまわる」わけですから，move around ですね。on business は「仕事に加わって」

という意味です。

(2) I think he is all right because he has been **around**.
(彼なら，この仕事に最適だね。経験があるから)
「経験を積む」ということは「ずっと動きまわって，その道に長ける」という意味です。
around のあとに job（仕事）を補って覚えておいてください。ただし，be around では「経験を積む」というニュアンスは出てきません。

(3) Where are you looking **around**? (どこを見ているんだい？)
look around で「あたりをキョロキョロと，方向も定めずに見まわす」つまり「～を見てまわる」という意味になります。

(4) Look over there! So many people have gathered **around**. I wonder what's up.
(あちらを見て！ 黒山の人だかりだよ。何があったのだろうか)
「人だかり」は「多くの人が輪をなして集まっている」というニュアンスから，gather around を用います。

(5) I've heard that **around** would be in the rice field.
(= I've heard that this area was used as the rice field.)
(このあたり一帯は昔，田んぼだったらしい)
「このあたりを取り囲む地域」を意味する単語の around は，this area で代用しているので用いる必要がありません。

(6) Shall we stay **around** here?

（どこかこの近くで今晩は泊まろうか？）

「この近くで」は around ですね。このように，around は指定地域がやや広範囲にわたっています。

---

(7) If you read his book **around** 520 pages, you can master English.

（520ページからなる彼の本を読めば，英語はマスターできるよ）

around 520 pages「520ページに近い」という意味になります。around は about の代わりによく用いられるのです。

---

2. around は「避ける，裏をかく」

around の意味は「～の近くを円運動して」「動きまわって」なのですが，同じ動きまわるでも「良い方に動きまわる」意味と，「悪い方に動きまわる」という，両方の意味が出てきます。

良い方に動きまわると，「**災難から逃れる**」「**避ける**」などの意味が出てきます。一方，悪い方に動きまわると「**(うまく動いて) 裏をかく**」「**出し抜く**」などの意味が出てくるのです。

(1) I think it is difficult for you to get **around** him because he won't say "Yes" about it.

（奴はしぶといぜ。出し抜くのはたいへんだよ）

この場合，get で「向ける」，around で「うまく動く」ですから，get around him で「彼をうまく出し抜く」という意味が出てきます。

(2) You are able to get **around** such a problem while practicing hard.
(一生懸命やっていれば，そんなことどうにでもなるだろう)

　　around の「動きまわって」という意味から，因果関係の法則で，「避ける」という意味が出てくるのです。get（向かう）から around such a problem で「そんな問題は避けられる」になります。while は「一方で〜していると」を表します。

---

(3) If you make another mistake, you can't get **around** the trouble.（今度失敗したらダメだぞ）

　　trouble は「面倒なこと」ですから，can't get around で「面倒なことから逃れられない」という意味になるのです。

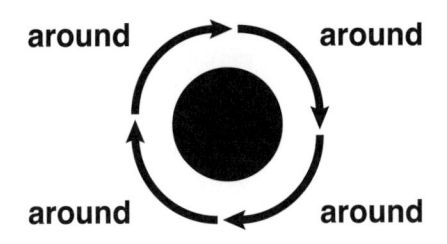

---

around　　**around**

around　　**around**

⑫ down —「下に」「直ちに」「離れて行動する」その結果「貫く」「尽きる」

　down は「下に」と私も初めは覚えていたのですが, よくよくその本質を探ってみると,「**直ちに**」「**離れて**」「**行動を開始する**」という意味なのです。

　これは off にも, away（後述）にも言えることなのですが, ものには道理があります。up（上）, down（下）, away（後述）のいずれの方向に向かうにしても, まずそのための行動をするという,「動き」がなければなりません。

　この意味で up には「動く」「～し尽くす」という意味が, そして「上の方に」その結果「尽きる」という意味が出てくるように, down にも,「直ちに動く」という行動の開始, 着手の意味があることを忘れないでほしいのです。

　up と down は,「動く」という意味では同じですが, up は, 気分の高揚, ルンルン気分, ピンピンしている状態を意味するのに対し, down は「**その場を目的のために勢いよく**」「**～を手元から離して**」「**行動する**」というニュアンスが出てきます。

　こういうわけですから, down の意味は,「直ちに」「行動に移す」という意味が出てくるのです。そして方向の意味としては「下に向かう」という意味が出てくるのです。

　down は, 生き物においてはだんだんと気力, 体力が下がり, 病床に伏していき, そして遂には「力が尽きる」というニュアンスです。

Chapter 1　西村式『前置詞の動き・空間・距離・方向・時間』がいとも簡単にわかる！

　生き物だけでなく，down には方向を表す意味もあるのです。
　up が北の方向を意味するのに対し，**down は南の方向**を意味します。
　「下へ」というと，長い下り坂をイメージしそうですが，down は「**垂直に下へ**」という方向でとらえてください。

　この絵図を見てください。A・C・D の範囲が down のニュアンスなのです。A から C は「ずっと」（進む）つまり「貫く」という意味です。「人から人へと伝わっていく」も down のニュアンスです。
　O から D は「下に落ちる」「下る」「減少する」という意味が派生します。そして D 点では，「力が尽きる」という意味が出てくるのです。

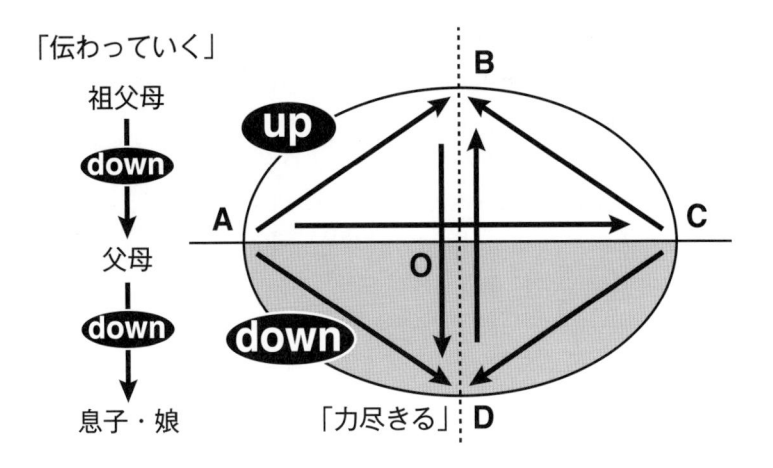

「伝わっていく」
祖父母
↓ down
父母
↓ down
息子・娘

1. down は「直ちに,離れて」

(1) Then, I'll pay five hundred thousand yen **down** now.
(それでは,50万円を即金で支払いましょう)
pay 〜 down は「〜に(価値を下げる)」ではありません。「現金を直ちに手放す」という意味から,「キャッシュで」「即金で」という意味が出てくるのです。

2. down は「延々と貫く」

(1) Please go **down** this way.
(この道をまっすぐ行ってください)
down には**「延々と貫く」**という意味がありますから,go down で「貫き通す」という意味が出てきます。

(2) This shop has been opened from 1915 **down** to the present.
(この店は1915年から今日まで,ずっと続いている)
down to the present は,down に「延々と貫く」という意味がありますから,「現在 (the present) までずっと貫いて」になります。

3. down は「下の方に」

(1) Come **down** here! Be quick!
(こっちへ降りてこい! もたもたするな!)
come は「話しかける人が今いるところ」を意味し,down here は「声をかける人の方向」を表します。

(2) As this stair has a steep slope, you must not run **down**.
（この階段は勾配が急だから，急いで降りてはいけませんよ）
「降りる」は方向でいえば「下の方」ですから, run（走って）をつけ加えると「急いで降りる」となります。

---

(3) He has been **down** with a cold since the day before yesterday.（彼はおとといからカゼで寝ている）
「起きる」がupですから，「寝込む」はその反対のdownです。しかもdownの「下の方に」という意味からは「衰えて」「弱って」というニュアンスが出てきます。ここでは「病に伏す」という意味になります。

---

(4) You've been very slender, haven't you? How much weight have you cut **down**?
（ずいぶんやせ細ったね。いくら体重を減らしたんだい？）
「減らす」は数字が「下の方に向かう」わけですから, downを使います。

---

(5) I think the wind will go **down** if this condition is kept.
（この調子なら，風も何とかおさまりそうだな）
「風がおさまる」は方向としては下の方ですから, downが使えますね。

---

(6) Will you turn **down** the volume of the TV?
（テレビの音量を下げていただけませんか？）
turnは「回転させる」, downは「弱めて」。主語がテレビですので，ここでは「音を小さくして」という意味になります。

(7) He has gotten **down** in this summer heat.
   (この夏の暑さで,彼もバテたんだろう)

   get は「〜の方向に向かう」,down は「弱くなる」ですので,get down で「バテる」「気がめいる」といった意味が出てくるのです。

---

(8) Please slow **down**, will you?(徐行していただけませんか?)

   slow は「ゆっくり走る」,down は「力をゆるめる」ですから,slow down で「力をゆるめてゆっくり走る」,つまり「徐行する」という意味になります。

---

(9) Their violence will be put **down** soon.
   (彼らの暴力はすぐに静められるだろう)

   put は「〜の方に向ける」,down は「弱める」ですから,put down で「力を弱める」というニュアンスが出てきます。

　以下に「下に向かう」という意味の down の例をいくつかあげてみます。

① The plane went **down**, I've heard.
   (= The plane crashed, I've heard.)
   (飛行機が落ちたらしいね)

   crash には down の意味が入っています。

② Let him **down**.(彼を引きずり降ろせ)

③ Put it **down**.(それを降ろせ)

④ May I get **down**?(下へ降りてもいいですか?)

   get は「今いるところから向かう」を表します。

⑤ I want to lie **down** for a while.
（ちょっと横になりたいのですが）
⑥ The boat went **down** in the river.
（舟が川の中に沈んじゃった）
⑦ Don't look **down** at him.（彼を軽蔑してはいけません）
⑧ Come **down**!（降りていらっしゃい！）

　このように，down は「**下に，離れて（行動を開始する）**」そして「下の方に向かい」，その結果「**（力が）弱まり**」，やがては「**力が尽きる**」という意味が出てくるのです。

⑬ away
- 「〜から離れて」
- 「ずっと継続して」その結果
- 「離れて」「遠のく」

　awayは「〜から離れて」という意味があるのですが,「離れて」だけではawayを語ることはできないのです。

　offとの違いが皆さん気になるところだと思いますので,そこから説明していくことにしましょう。

　offは「これまで継続してきた動作,状態,または存在してきたものを,途中でバッサリと中断する」という意味でしたね。ですから,存在するものにoffをつけ加えると「なくなる」「離れる」という意味が出てきました。また,動作にoffをつけ加えると「その場で」「終える」「済ます」という意味が出てきました。

　でも,awayはまるで違うのです。<u>awayには「**中断する**」のニュアンスはまったくないのです。</u>それどころか,awayの本質は「**ずっと継続して（進んでいく）**」なのです。

　awayに「離れて」「遠のく」という意味が出てくるのは,何度も述べておりますように,英語は「原因と結果で意味が広がる」からなのです。つまり「ずっと継続して」その結果「離れて」「遠のく」という意味が出てきたのです。

　awayを「離れて」という一辺倒で覚えるのは,たまたまカゼで寝込んでいる人を見て,「あの人は体の弱い人だ」なんて決めつけるようなものなのです。

awayの本質は「**ずっと継続して（進んでいく）**」，その結果「**離れて**」「**遠のく**」なのです。わかりましたか？

1. away は「ずっと（徐々に）継続して（進んでいく）」

(1) Oh terrible! These vegetable fields were very much eaten **away**.
（こりゃひどい！　ずいぶん野菜畑が食い荒らされたね）
　　eat は「食べる」ですが，away をつけて食べるという動作を徐々に継続していくと，やがて「食い荒らして」しまうことになります。同じように「侵食する」「腐食する」なども，知らない間に徐々に動作，状態が進行していくという意味で away が使われます。up をつけると「食べ尽くす」という意味になりますから，混同しないようにしましょう。

(2) A: This shirt has begun to wear **away**.
（このシャツもだいぶ着くたびれてきた）
B: He has worn-out shoes.
（彼はすり減った靴をはいている）
　　「着くたびれる」はずっと着続けてシャツそのものが完全にボロボロになる，というニュアンスではありません。wear away で「ずっと着ていたのですり減った」という意味です。同じく worn-out で「すり減った」を表します。

(3) When I came here, he was **away**.
（僕がここに来たとき，彼の姿は見えなかった）

be away で「どんどん進む(離れる)」その結果「姿が見えない」という意味になります。

(4) This result on your sales is too bad. So, you should work **away**.
(君の営業成績はこのままじゃどうにもならないから、とにかくがんばるしかないね)

work(働く)に away をつけ加えると、「どんどん働いて」「せっせと働く」、つまり「がんばる」という意味が出てくるのです。ちなみに away は道(= way)から離れる(= a)を表します。

(5) The color of the Japanese red leaves has faded **away**.
(もうだいぶ紅葉も色あせたね)

fade は「色あせる」。fade away で「この動作を継続する」と「どんどん色あせてしまう」という意味が出てきます。

(6) You always idle **away** the time, don't you?
(君はいつも時間を無駄にするね)

idle は「(時間を)怠惰に過ごす」という意味です。これに away を加えると、「ずっと時間を無駄にする」「のらりくらり過ごす」といった意味が出てきます。

(7) Please ask **away** if you have any questions.
(何か質問があれば、どしどし出してください)

ask(質問する)に away で、「質問するという動作を継続する(させる)」、つまり「どんどん質問する」といっ

た意味が派生してきますね。away が ask を強めているのです。

このように，away は連続の動作を意味します。そして因果関係の法則から，「離れて」「遠のく」という意味が出てくるのです。

しかし，同じ「離れて」「遠のく」でも，off とは意味がまったく異なります。たとえば，これまで「毎日出社していた人が急に会社を休む場合」には off を用いますが，「出社していながら何かの用件で姿が見えない」という場合には away が使われるのです。

2. away は「離れて，遠のく」

(1) Mr. Ishida is **away** now.（石田君は今いないよ）
　　「休暇」の場合は off を使いますが，「一時不在」ということなので，away を用いるのです。

(2) Have you already seen the movie named "The Get**away**"?（映画『The Getaway』はもう観たかい？）
　　古い映画を取り上げてしまい，すみません。
　　get away とは「逃亡」の意味ですが，get away が使われるのは,「存在するはずの姿が見えない」, つまり「逃げて隠れている」というニュアンスがあるからなのです。「泥棒が逃げる」だと,「泥棒が走って逃げ出し，すっかり姿が見えなくなるところまで行ってしまった」という意味で run away が使われるのです。

(3) Please take it **away**.
　（すまないが，これを片づけてくれないか）
　　take の本質は「動かして〜の方に加える」です。ですから take 〜 away で「〜を運んで離す」，つまり「〜をどこかへ移動する」「〜を片づける」という意味が派生してくるのです。put 〜 away も「〜の方にやる」というニュアンスから「〜を片づける」という意味です。

---

(4) Don't look **away** while you are driving.
　（運転しているときは，よそ見をしてはいけないよ）
　　look away で「(目的から) 離れて見る」，つまり「よそ見をする」という意味なのです。

---

(5) You'd better be **away** from her.
　（君は彼女に近寄らない方がいいよ）
　　「彼女に近寄らない方がいい」というのは「彼女から離れた方が，遠のいた方がいい」という意味ですね。
　　ですからこれも away のニュアンスなのです。

---

(6) You must do **away** with such a bad habit.
　（君，その悪いクセは治さないといけないよ）
　　with は「接して」という意味ですから，away with 〜で「〜と接しているところから離れる (遠のく)」になります。主語が「悪いクセ」なので，do away with 〜で「〜をなくす」という意味になるのです。

Chapter 1　西村式『前置詞の動き・空間・距離・方向・時間』がいとも簡単にわかる！

　さて，このように away には「離れて」「遠のく」という意味なのですが，away に off，back，down などの副詞をつけると「**かなり〜だ**」という強調の意味が出てきます。

　つまり，away ＋副詞〜で「目的とするところから，かなり距離がある」といったニュアンスになるのです。

　たとえば away back で「はるかうしろの方に」，away off で「かなり遠いところに」といった意味が派生してくるのです。

　いくつか例をあげてみましょう。

① He has been **away** from his job.
　　（彼はその仕事からかなり遠ざかっている）
② The train has arrived **away** behind the schedule.
　　（電車はかなり遅れて到着した）
③ The prices have gone **away** up.（物価がかなり上がった）
④ She walks **away** back me.
　　（私のはるか後ろに彼女が歩いている）
⑤ He moved **away** off here.
　　（彼はここからはるか遠くへ引っ越してしまった）
⑥ My cat went **away** out the house.
　　（猫は家よりはるか外へ逃げた）
⑦ My score is **away** down from his one in the exam.
　　（今回のテストで僕の点数は彼よりもずっと低かった）

⑭ **of** ──「〜の」
　　　　「くっついて離れない」

ofの本質は「くっついて離れない」「もとからくっついている」という意味なのです。

　突然ですが,例文に移る前に,狂言の『二人袴(ふたりばかま)』のあらすじをご紹介します。まずはこちらをお読みください。

『二人袴』

　中世の頃,結婚後に夫が妻の実家を訪ねる儀式を「聟(むこ)入り」といいました。

　あるところに世間知らずの若い夫がいました。妻の実家に1人で「聟入り」するのを心細がるので,彼の父親が相手の実家の門戸まで付き添うことになりました。

　父親は息子に礼装の長袴をはかせてやり,自分は外で待っていると,それを奉公人が見つけ座敷へと招き入れます。

　しかし袴は1つしかありません。親子交代で履き替え,舅の前に出て挨拶するうち「お2人ご一緒にお越しください」と誘われ,止むを得ず1つの袴を2つに分けて,それぞれ片面だけの袴を正面に身につけました。

　うしろを見られないように気を配りながら部屋に向かったのですが,そうとは知らぬ舅に「聟入りの舞」を望まれ,婿と彼の父親は困ってしまったのでした。

え？　無駄話が多すぎる？　とんでもありません！　この『二人袴』こそ，まさに of を適切に表しているのです。

1. of は「くっついて離れない」

たとえば The cover of a book（本のカバー）ですが，本とカバーを別々に売るなんて考えられませんよね。

ほかにも「2つ揃っていないと使いにくいもの」はたくさんあります。「鍋とフタ」もそうです。ほかにも「ナイフとフォーク」「帯と着物」「ペンとキャップ」というのは，いつも両者が一組でないと用をなさないのです。

このように，A of B というように，<u>AとBが「切り離せない関係」や「全体の中の一部」であるときに of を使うのです</u>。

(1) a friend **of** mine（私の友達）
　　「私の友達」は my friend ですが，of を使うと，2人の関係が「極めて親密である」というニュアンスが生まれてきます。同じニュアンスで my good friend, best friend, close friend も使えます。

(2) a man **of** Shakespeare（シェークスピアのような人）
　　of の「くっついて離れない」という意味から「〜のような」「〜と言えるような」という意味が派生してくるのです。まるで，of は接着剤のようなものですね。

「~の」という意味では one's と混同するかもしれませんので，of との相違について以下に比較してみました。参考にしてください。

	例	ニュアンス	意味
A of B Bからくっついて離れないA Bの一部がA	a coating **of** the car	車について離れない塗装	車の塗装
	the letter **of** introduction	紹介の内容がついている手紙	紹介状
one's ~の所有物 ~に所属している	**his** face	彼が所有している顔	彼の顔
	her character	彼女が所有している性格	彼女の性格
	his book	彼が所有している本	彼の本
	my room	私が所有している部屋	私の部屋
	my company	私が所属している会社	私の会社

2. of は「もともと~から成る」「~が原因である」「~のうちで」

また，英語は因果関係の法則によって意味が広がりますので，「~にくっついて離れない」からは，その結果として「**もともと~から成る**」「**~が原因である**」「**~のうちで**」という意味が出てきます。

(1) It's made **of** solid gold.（それは純金でできている）
　　of の「くっついて離れない」から「もともと~から成っている」「もともと~でできている」という意味が派生してきましたね。made of solid gold で，「純金でできている」となります。

be made from 〜と混同された方もいらっしゃるかもしれませんが，ここでは from は使えません。from の本質は「〜から遊離して」です。そして「別々の素材からできている」というニュアンスがありますので，「いくつもの材料で構成された」「見せかけの」つまり「加工品」という意味が出てくるのです。

---

(2) I haven't heard **of** that yet.
（私はそのことをまだ聞いていません）
hear of で，「聞く」ということと of 以下の that が「くっついて離れない性質のもの」，つまり hear = that という関係になります。

---

(3) How about a glass **of** beer?（まあ，ビールでも飲もうよ）
液体は容器がないと用途をなさないものですので of を用います。

---

a glass of beer が出てきたところで，英語の数え方の説明をします。

数量をカウントする場合，本，鉛筆，自転車のように形が整っているものは one，two，three…というように数えることができます。しかし，形が不特定のもの，変形が容易なものは，そのままでは量を量ることはできません。

たとえば「水一杯」と言われても，バスタブ一杯なのか，バケツ一杯なのか，あるいはコップ一杯なのか，すぐにはイメージが湧いてきません。

ですから、こうした不特定のものの数を数える場合は、どうしてもなんらかの基準となるものが必要になってきます。

それが食物であればお皿やお椀を使いますので、a dish of ～，a bowl of ～が使われます。同じようにビールであれば a glass of beer となるのです。

以下に例をあげておきますので、参考にしてください。

容器が定まっていないものを数えるときの単位		
a piece of	furniture	1つの家具
	paper	1枚の紙
	cake	1切れのケーキ
	goods	1個の商品
	parts	1つの部品
	soap	1個の石けん
	information	1つの情報
	advice	1つの忠告
	news	1つのニュース
a cup of	coffee	1杯のコーヒー
a tablet of	medicine	1錠の薬
a bottle of	wine	1本のワイン
a pack of	cigarette	1箱のタバコ
a glass of	water	1杯の水
a suit of	black	1着の喪服
a set of	stereo	1組のステレオ
a member of	the group	グループのメンバーの1人
	the family	家族の一員
a slice of	meat	1切れの肉
a pound of	flour	1ポンドの小麦粉
a bunch of	flowers	1束の花
a basket of	tomatoes	1かごのトマト
a dish of	vegetable	1皿の野菜

種類を明確にする単位		
a kind of	book sport music	本の一種 スポーツの一種 音楽の一種
複数(2~3)のものが1つになっているときの単位		
a couple of	days oranges things	2~3日 2~3個のオレンジ 2~3個の物
分類を示す場合の表現		
a sort of	new music kind people	新しい音楽の一種 親切な人

---

(4) He comes **of** a good family, doesn't he?

(彼は良家の生まれなんだって？)

come は「生じる」そしてその結果「近づく」「向かう」です。そして of は「くっついて離れない」「~より成っている」でした。come of a good family で「良家の出である」というニュアンスが生まれてきます。

---

(5) She has come **of** marriageable age, hasn't she?

(そろそろ，彼女は結婚してもよさそうな年頃ね)

「適した年齢が近づく」つまり「結婚してもよさそうな年」という意味が出てくるのです。

同じように，アメリカでは「成人に達する」を come of age と言います。

これは，法律上定められた年が，つまり「社会的な責任から離れられない」というニュアンスからなのです。

---

(6) He died **of** lung cancer last year.
(彼は肺ガンで昨年亡くなったよ)
lung cancer は「肺ガン」の意味。die of 〜で「原因が生じて亡くなる」となります。

(7) He has robbed me **of** my watch.
(あいつ，オレの時計を奪いやがって)
me of my watch で，me と my watch はくっついて離れない性質のニュアンスが生まれます。rob は（奪う）ですが，「無理やり奪う」というニュアンスでは，ほかに deprive や strip を用います。

(8) It's very kind **of** you to do so.
(そうしていただけるととても助かります)
kind of you の of は「くっついて離れない」という意味なので，その人だけしか持っていない性格・能力・考え方などを強調しています。「形容詞 + of + 人」の場合は，「その人が〜だからこそ，〜したのです」と，前から順に訳していいですね。ここでは「あなたが親切だからこそ，そうしてくださったのです」というニュアンスです。

(9) It's nice **of** you to make it, isn't it?
(あなたが素晴らしいからこそ，うまくいくのだわ)
これも同じく「形容詞 + of + 人」なので，前の方から訳してしまいましょう。

(10) He is a man **of** ability.（彼は手腕家なのです）
　　口語では，He has a good ability. で片づけられています。これも本来は a man of ability なのです。of には「くっついて離れない」という意味がありますから「よい能力がそなわった人」「手腕家」という意味が出てくるのです。

---

(11) Who is the most beautiful girl **of** the five?
　　（誰がこの5人の中で一番美人なのですか？）
　　of には「～から成る」という意味がありますから，ピンとくると思います。

　このように，of の意味は「**くっついて離れない**」というニュアンスから，その結果として「**もともと～から成る**」「**～が原因である**」「**～のうちに**」「**～がそなわっている**」といった広い意味が出てくるのです。

⑮ to

- 「~へ」
- 「向かう」「向ける」

toの本質は「**目標に向かう（向ける）**」なのです。

「向かう」という意味ではforと混同しやすいので、forの説明も兼ねながら、両者の説明にとりかかろうと思います。

forは「**（出発点から）目的地に向かう**」「**そしてまた元に戻る**」という意味で、出発点と目的地の間を意識する往復運動です。

それに対して、toは、「**（出発点は不明だが）目的地に向かう**」という意味から、「**帰ることを意識させない**」一方通行の前置詞なのです。

たとえばstart for Tokyoで「東京に向かって出発するが、また戻る」というように、forには、「出発点から目標とするものまでの距離」と「行ってまた戻る」という意味が省略されているのです。

またtoは、ten to two（※）で「2時10分」というように、目標とするものまでわずかな距離のときにもtoを用いるのです。（※この表現はイギリスでよく使われているようです。）

このように、toは目標とするものを中心に話すわけです。ですから、まだ目標に達していない場合には「目標に合わせて」「目標までの時間が残されて」という意味が出てくるのです。

Chapter 1 西村式『前置詞の動き・空間・距離・方向・時間』がいとも簡単にわかる！

◎ to と for の比較

	to	for
目的地	「目的とするところへ近づく（近づこうとして）」「～へ」 その結果 「目的とするところに至って」「～に達して」「～に至って」	「目的とするところにこれから向かおうとして」 「～方面に」
動作	「(具体的な)目的とする動作をしようとして向かう」 「～するために」「～するように」「～に合わせようとして」 その結果 「目的とする動作、結果の動作をして」「～して」	「これから目的のために動作をする」 そして「目的とするものを得る」 「～するために」
発想	目的地を中心にして話す場合はtoを用いる	出発点から目的地に向かう場合はforを用いる
ニュアンス	一方通行	往復運動

1. to は「目標に合わせて，目標に向かって」

(1) Let's dance **to** music, shall we? （音楽に合わせて踊ろうよ）
　　　to は「目標に合わせて」という意味ですから，dance to music で「音楽という目標に合わせて踊る」になります。

(2) I'd like **to** talk with you face **to** face about that problem.
　　　（君と向かい合って，そのことについて話し合いたいんだ）
　　　face to face は「顔と顔を向けて」，つまり「顔と顔をつき合わせて」という意味になります。同じように，mouth to mouth で「口移しで」，hand to hand で「手

渡しで」となります。

ほかに「〜に合わせて」という意味から，いくつか例をあげてみます。

① This music is **to** my taste.
（この音楽は僕の好みに合っているよ）
② This confectionery is sweet **to** taste.
 (= This confectionery tastes sweet.)
（このお菓子は甘いわ）
③ The score of this game was four **to** one.
（この試合の結果は 4 対 1 だった）
④ This house stands parallel **to** that stone fence.
（この家はあの石垣に平行に立っている）
⑤ I wrote lines point **to** point with a pencil.
（鉛筆で点と点をつなぐ線を描いた）
⑥ I witnessed a bumper-**to**-bumper accident.
（車の追突事故を目撃した）

Chapter 1 西村式『前置詞の動き・空間・距離・方向・時間』がいとも簡単にわかる！

2. to は「目的に向かう」

(1) How can I get **to** the house?
(どうやってその家まで行けるのですか？)
　　get は「向かう」, to は「今いるところから目標に」ですから, get to the house で「その家に向かう」という意味になります。

(2) I'm glad **to** meet you.
(あなたにお会いできてうれしいです)
　　to は「目的に向かって」という意味ですから, to ＋動詞～で,「(～という目的の動作) をして」という結果の意味が出てくることになります。to meet you で「あなたに会えて」となります。

(3) This contract is **to** work for three years.
(この契約書は3年間有効ということになっている)
　　work は「機能する」という意味です。主語が契約書なので「契約書が機能する」, つまり「契約書が有効である」という意味が出てくるのです。また, to は「目的に向かって」という意味で, is to ＋動詞～は「～することを目的としている」であることから,「～すること」「～する予定になっている」という意味が出てくるのです。

(4) My dog takes **to** you.（僕の犬は君になついているよ）
　　take は「加える」「気にかける」「思う」というニュアンスがあります。
　　ここでは「なつく」という動きは「相手を思う気持ちを

加える」という意味が出てきます。take to herで「彼女が好きになる」となりますから，to take ～（～を目的として思う）と同じ意味なのです。

---

(5) She is very kind **to** me.（彼女は僕にとても親切です）

　　目標が「僕に」ですから，toを用います。toは前置詞では一方通行を表します。

　　「for meでもいいのではないか？」と思った方，もう一度forのページ（p.92～）をよく読み直してください。

　　「人から親切にされる」という行為は「(相手から一方的に）与える，送る，～のために」のように，主語から目的語の方向という一方通行の前置詞なのです。

　　親切は一方的に受け取るものですから，forではなくtoが用いられます。

　たとえば，It's for you.（あなたのために）という表現がありますが，forを使うことによって，「その代わりに～してもらう」「～してもらったから～する」のように，行為に対する交換を求めているという因果関係が成立しているのです。そのことを忘れないでください。

Chapter 1　西村式『前置詞の動き・空間・距離・方向・時間』がいとも簡単にわかる！

(6) I will go **to** Hawaii.（ハワイへ行くつもりだよ）
　　前置詞 to を用いることによって，動詞を「帰ることを意識させない動詞」とします。

◎ **to** と **for** の違い

to	for
This letter is sent **to** you. 「(差出人は特に意識せず)あなたへ手紙が届いた」という事務的なニュアンス	This letter is sent **for** you. 「○○さんからあなたへ手紙が届いた」という差出人を意識したニュアンス
He went **to** Osaka. toは出発点のニュアンスがないため，「どこから出発したのか不明だが，目的地の大阪へ向かった」という意味になる	He left Tokyo **for** Osaka. forは「出発点」という意味があるため，出発点(東京)から目的地(大阪)へ向かったという意味になる

3. to は「向けられる」

(1) **To** my surprise, he knows it already I heard.
　　（驚いたことに，奴がそれを知っていたそうだ）
　　　to には「〜に向かう」という意味のほかに「〜を向けられる」「〜される」という意味があるのです。to my surprise は「相手から聞かされて驚かされる」という意味です。これを英文解釈上の意味では「驚いたことに」と訳せるのです。

(2) Is she troubled **to** be teased by everyone in the class?
　　（彼女はクラスのみんなにいじめられて困っているんだって？）
　　　to ＋動詞の原形は「〜して」，to be ＋過去分詞は「〜されて」となります。

to

? 出発点　　一方通行　　目的地 ●

for

出発点　　往復運動　　目的地 ●

Let's take a coffee break!

英会話講師奮闘記①

「情景発想法」を考案したのは、大学卒業後に同時通訳をしていた頃でした。通訳だけでは食べていけないということを悟ったとき、幸運にもある英会話学校にいた友人が私に「教えてみないか？」と声をかけてきたのです。

講師としてデビューを飾ったものの、その学校の教え方は完全にマニュアル化されていたのでした。私の「情景発想法」を教えることなく月日だけが経過していきました。

「どの学校もマニュアル化された授業なのか？」疑問に思った私は、生徒になりすましてほかの英会話学校の授業に次々と潜り込みました。学校ごとにテキストは違っていても、どの学校もまったくと言っていいほど「暗記と復唱のくりかえし」ばかりでした。

「これではいけない」と危機感を感じた私は、同時通訳や翻訳の仕事をこなすかたわら、滋賀英会話学院を設立しました。

私の授業スタイルは決まったテキストがなく、「情景発想法」を使ったフリートークを中心とするものでした。あるとき受講生たちに「何でもいいですから自由に英語を話してください」と言うと、ほとんどの受講生が「何から話してよいかわかりません」と言うではありませんか。「テキストはないのですか？」と受付まで詰めよられる始末でした。情景発想ばかりでは初心者を救うことはできなかったのです。

その後、テキストを使うことにしたのですが、「言葉は自らの意志と発想力で話すのであって、ほかから与えられたテキスト通り話すようなことは考えられない」というのが私のモットーであることには変わりませんでした。

(p.178 につづく)

⑯ under

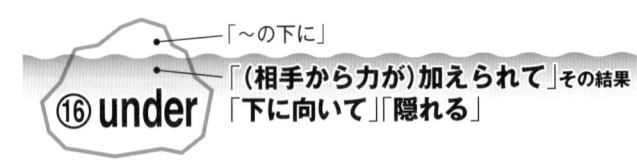

- 「〜の下に」
- 「(相手から力が)加えられて」その結果「下に向いて」「隠れる」

1. under は「(相手から力が) 加えられて」その結果「下に向いて」「隠れる」

　一般的に under は「〜の下に」と訳されているようですが，これも本来の意味を知る必要があります。

　under は，「(自らの力ではなく) 相手からの力が加えられて」という意味なのです。

　その結果として「〜させられて」「下の方に向いて」さらに「**隠れる**」なのです。

　あなたはアサリやシジミの味噌汁が好きですか？　私はあれがないと1日が始まらないくらい大好きなのです。

　アサリやシジミは調理の前に水に浸して砂を吐かせます。しばらくしてそっと中をのぞいてみると，鍋の中で安心しきって舌を出しています。そこで鍋の縁をコンとたたくといっせいに舌を引っこめ，貝殻を閉じてしまうのです。

　このアサリやシジミの動作，つまり「**相手から力を加えられ**」その結果「**下の方に向ける**」「**隠れる**」という動きが，まさに under のニュアンスなのです。

---

　on にも「傾く」という意味から「負担をかけて (かけられて)」というニュアンスが出てくるのですが，<u>under の方がはるかに意味は強いのです</u>。

underの「(相手から) 力を加えられて」という意味からは，何が相手から力を加えられるかによって，さまざまな意味が出てくるのです。

---

(1) You must take a detour because that bridge is **under** construction.

(あの橋は工事中だから，ほかの道路を通らねばならないよ)

「工事中」がunder constructionであることをご存じの方は多いと思いますが，この場合のunderは「〜中」という意味ではありません。

under constructionに「工事中」という意味が出てくるのも，underに「**義務，任務を受けて**」つまり「**(作業を) してもらって**」という意味があるからなのです。

この世の中，お互いに持ちつ持たれつの社会ですよね。

頼む人がいれば頼まれる人がいる，教える人がいれば学ぶ人がいる……。というように，世の中は力関係，位置関係で成り立っています。

実は，こうした力関係，位置関係をより明確にするために，underが役に立っているのです。

同じような例を，次にいくつかあげてみます。参考にしてください。

under の使用例	ニュアンス	意味
under the sun	天から与えられて	天命のもとで
under fire	砲火を相手から与えられて	砲火を浴びて
under the power to ~	~の力を受けて	~の力に服する
under one's eyes	人の眼(監視)の的になって	~の監視のもとで
under an unlucky star	不幸な星を与えられて	不幸な運命のもとに
under one's observation	人に観察されて	人の観察のもとに
under the hand of ~	~の技術(力)を借りて	~の技術力によって
under one's help	人の助けを受けて	人の助けによって

このように,under には「**(自らの力ではなく,相手の力によって) ~されている**」という意味が出てきます。

ついでに under を含む単語と熟語も覚えておきましょう。

under の使用例	ニュアンス	意味
under take	相手から言われて受け入れる	引き受ける
under study	相手から言われて役を引き受ける	代役をつとめる
under write	相手から言われて署名を書く	契約を引き受ける
under state	相手から圧力を加えられて言う	軽く言う,控え目に言う
under responsibility	相手から責任を負わせられて	責任を受けて
under burden	相手から負担をかけられて	負担を受けて
under violence	相手から暴力を与えられて	暴力をふるわれて
under the condition	相手から条件を与えられて	条件が与えられて
under construction	相手から工事をゆだねられている	工事中
under the influence	相手から影響を与えられる	影響を受けて
under suspicion	相手から疑いを受ける	疑いをかけられて

(2) He'll be **under** the sentence of death, because he killed three people.

(奴は3人も殺している。多分，死刑になるだろうな)

「死刑の宣告」も裁判官によって宣告されるわけですので，「相手から」という意味から under sentence of 〜 が用いられます。

---

(3) I'm learning English conversation **under** the new instructor.

(僕は今，新しい先生から英語を学んでいます)

「新しい先生から」は，「新しい先生に指導してもらって」，つまり「〜されて」という意味がありますので，これも under のニュアンスです。

---

(4) In the softball game between **under** 30 and **under** 40, the people **under** 30 won this time.

(30歳以下のチームと40歳以下のチームがソフトボールの試合をして，30歳以下のチームが勝ちました)

「〜以下」は under，「〜以上」は above が用いられます。under 30 は under age of 30 を省略したものです。

---

(5) Look! He has dived **under** water for three minutes.

(ほら見て！ 彼，3分も潜っているよ)

「もぐる」は「水の下に」という意味ですから，under ですね。below も同じような意味がありますが，under が「真下」「隠れて」というニュアンスがあるのに対し，below は「下の方に」という漠然とした意味なのです。

⑰ **over** ―「〜の上に」
「〜を越えて」「〜を離れて」「〜の上に」

1. over は「〜を越えて」「〜を離れて」「〜の上に」

over の本質がわかりやすいように，ここでは図形を使って説明いたします。

まずは下の図をごらんください。この円運動の中に，over のすべての意味が含まれているのです。

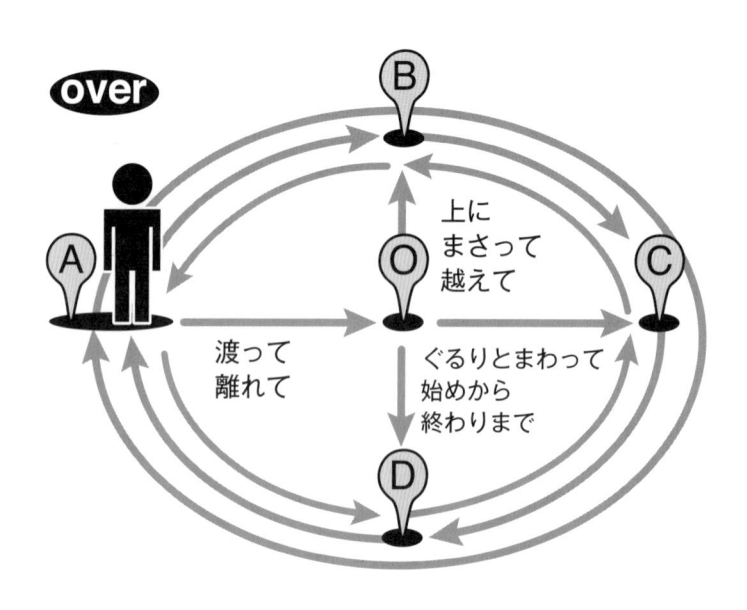

over

渡って離れて

上にまさって越えて

ぐるりとまわって始めから終わりまで

たとえばA点に立っている人がB点，C点，D点へと移動し，あるいは一周する動作をしても，逆にD，C，Bという運動をしてもoverが使えるのです。

　<u>時計方向に運動する場合は「～を越えて」という意味が，逆方向の場合は**「無理する」「過度の」**という意味が出てきます。</u>

　また，直線運動にもoverが使えるのです。A点にいる人がO点に向かうのもoverが，それに，A点からO点を通過してB点，C点，D点に向かう運動にもoverが使えるのです。

　さらに，overにはもっと大切な運動の法則があります。それは「ノンストップ」，つまり**「途中で動作を中断しない」**という法則なのです。

　A点から出発してB，C，D点，そしてA点へとノンストップで円運動をすると，「ぐるりとまわって」**「始めから終わりまで」**という意味が出てきます。
　また，A点からO点までノンストップで向かうと「渡って」「離れて」という意味が出てきます。

　さらにA→O→Bの運動をすると**「上に」「まさって」「越えて」**という意味が出てきます。
　逆転する場合は，先にも述べたように「無理をする」「過度に」という意味になります。

(1) You must read this book **over** and **over**.
　（何度も何度もこの本を繰り返して読んでください）
　　「何度も繰り返して本を読む」という動作を頭の中に浮かべてみてください。1ページ目から順にページをめくり，読み終えたら引っくり返してまた読み始める。明らかに円運動ですね。だから over が使えるのです。

(2) I went all **over** the States last year.
　（私は昨年，アメリカを一周してきました）
　　「一周する」なんて，これはまさしく over のニュアンスそのものですね。all は「くまなく」という意味です。

(3) Not **over** here but **over** there.
　（こっちじゃなくて，向こうの方だよ）
　　これは O 点に立っている人が，A 点に立っている人に対して C 点を指し，「こっち（A 点）じゃなく，向こう（C 点）だよ」と言っている情景を頭の中に描いてみてください。そうすると，A 点から O 点，O 点から C 点への曲線運動であることがわかってきます。当然 over のニュアンスですよね。

(4) Are you going to stay here **over** until next year?
　（来年もずっとここにいるつもりですか？）
　　「来年もずっと」を考えるとき，時計の針を思い浮かべてみてください。半円運動になるか，それとも円運動になるか……。いずれにしても over のニュアンスですよね。over は「ある年月などの区切りを越えて連続する」を意味します。

(5) Let's talk **over** this problem tomorrow.
　（その問題について，明日話そうよ）
　　　overの原則に「ノンストップ」があります。talk over で「ずっと話す」という意味が生まれてくるのです。

　このように，overは「**円, 半円, 上下運動をして**」というニュアンスを持っています。

　また，円，半円運動のすべての動きを言う場合はall overを用います。
　all overは「いたるところ」「一面に」そしてその結果として「まったく」「すべて」「完璧に（終わって）」といった意味が出てくるのです。

⑱ across
- 「〜を横切る」
- 「十字状に進んで」その結果「目的地に達して」

　acrossの本質は「十字状，または対角線上に進んで」なのです。さらに因果関係の法則から「**(その結果) 対角線上，または十字状の目的地に達して**」という意味が派生してきます。ここでも図形を使って説明します。

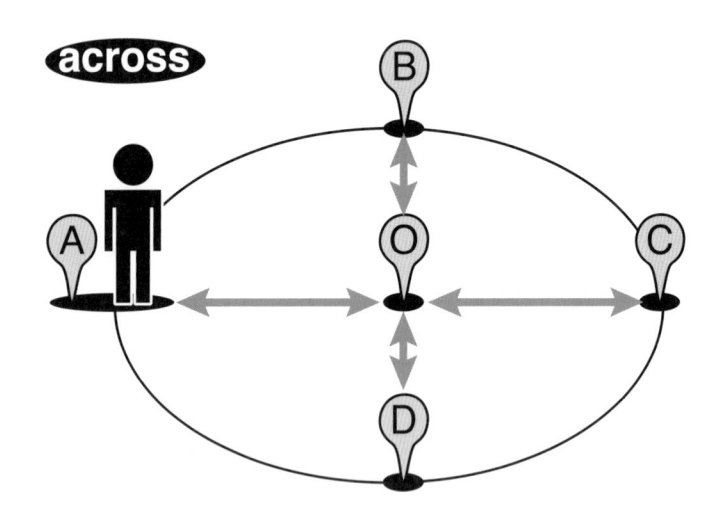

　十字状という意味から，A↔CとB↔Dの運動はすべてacrossということになります。この場合の条件は，必ずO点を通ることです。

　このacrossの「対角線上，または十字状の目的地に達して」という意味からは，「何とかして，やっとのことで目的地に達

する」といった比喩的表現も出てきます。

An idea which is like a thunder came **across** my brain.
（稲妻のようにパッとアイデアが頭をよぎった）

といった表現にも使われるのです。

---

(1) Let him alone. The time will surely come when your way of thinking gets **across** to him.
（彼のことは放っとけよ。いつかはわかってもらえるときが来るさ）

　「考え方」は your way of thinking ですね。
　get の意味には「向かう」のほかに，「向ける」もあります。
　これに across の「対角線上に，または十字架状に（進んで）目的地に達する」という意味をつけくわえ，get across とすると「何とかわからせる」という意味になります。
　「すんなり目的地に達する」場合には to を用いるのですが，設問のように「遠まわり」のニュアンスがある場合は，across の方がピッタリなのです。

---

(2) Your speech on the wedding ceremony came **across** very well.
（あなたの結婚式のスピーチ，とてもよかったよ）

　come は「目標に近づく」その結果として「生じる」「現れる」なのです。
　across の「まがりなりにも何とか目的を達する」とい

う意味から，come across で「何とか目的に達する」という意味が生じてきます。

ここの場合は「スピーチがうまくいく」になりますね。
come は 2 者間（ここでは I と You）で「ある状態に向かう」つまり 2 者間の会話での「行く」「来る」を意味します。

そのほか come は「必ず 2 者のいるところに帰ってくる」を意味します。

---

(3) I want to walk **across** that bridge. Won't you come with me?

（あの橋を歩いて渡りたいんだけど，君も来るかい？）

across には「対角線上の目的地に達する」という意味がありますので「〜を渡る」にも across が使えます。

over も同じように使えますが，across を使うときは「多少の苦労は覚悟」する場合に用いるのです。

---

(4) Well, it's dangerous for me to take you by boat **across** this river under strong wind.

（この強風では，ボートであなたを連れてこの川を渡るのは無理ですよ）

take は「力を加えて動かす」というニュアンスがあります。

また，across は「何とかして目的地に達する」というニュアンスがありますので「相手を何とかしてこの川を渡らせる」は take you across this river でいいのです。

「この強風では」は「風の影響力を受けて」という意味ですので，under を用いるといいですね。

以下，acrossを用いた例をいくつか用意しました。参考にしてください。

acrossの使用例	意味
across the river (the sea)	川(海)を渡る
across the road	道路を渡る
swim **across** the river	川を泳いで渡る
across the country	国を横断して、行き渡って
just **across** from〜	〜を渡ったところ、真向かいに
with arms **across**	腕組みをして
be 30 meters **across**	30メートルの幅がある
the distance **across**	直径

　始めにacrossの本質は「**対角線上，または十字状の目的地に達して**」「**障害を越えて**」とお伝えしました。

　これは，overやaroundともニュアンスが似通っています。異なる点といえば，overには「**目的から目的までノンストップで，円形または半円状の動きをする**」という条件がつき，aroundには「**目的の近くをまわって**」「**動きまわる**」という意味があるのです。

Let's take a coffee break!

英語講師奮闘記②

　独自の講義を実践するために滋賀英会話学院を設立し,「会話とは何か」をさらに掘り下げて,初心者にも「**会話はどう発展させるのか**」がわかるように,さらに研究をする必要がありました。

　その後「リスニング」「前置詞」「情景発想」「英文法」など一連の『西村式メソッド』ができあがるまで,実に18年もかかったのです。

　「質問のきっかけの作り方」「会話を次から次へと発展させるにはどうすればよいのか？」など一連の研究成果を『中学英語でこんなにペラペラ』（明日香出版社）という本にまとめ,1987年に発行しました。

　こちらはおかげさまで12万部を突破するまでに好評をいただきました。（その改訂版として,2010年12月に『1週間集中！中学英語でここまで話せる』（明日香出版社）を発行しています）

(p.193につづく)

Chapter 2
西村式『前置詞の選び方』が
いとも簡単にわかる！

Chapter 1 で 18 の前置詞と副詞について説明してきましたが，わかったようでわかりにくいのが前置詞と副詞。

「前置詞は名詞の前にあり，副詞は動詞の後にある」という大原則を忘れないでください。

そこで，それぞれの前置詞や副詞の相違について，改めていくつか取り上げてみることにしました。

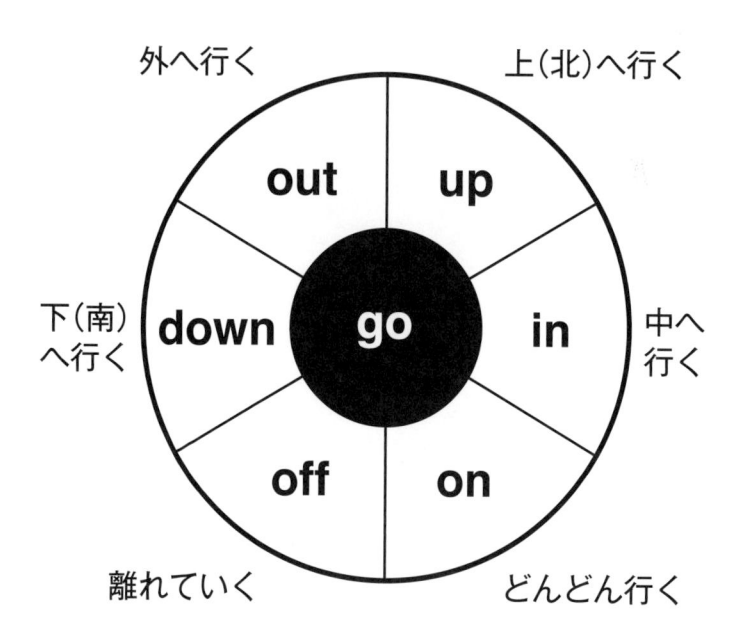

```
        外へ行く              上(北)へ行く

              out        up

下(南)   down    go    in    中へ行く
へ行く

              off        on

        離れていく            どんどん行く
```

どこが違うの!? 1 　to　 for

◎ **to の意味**

to は「to+ 場所」で「〜に（向かう）」「〜へ（行く）」を表すあまりにも有名な前置詞ですが，実は「**目的とする方向に**」というニュアンスがあります。

to は「**目的とする方向に向かう**」という意味のほかに，「**目的とするものと並べる**」つまり「**〜と比べる**」，その結果「**差が出る**」「**〜が残される**」という因果関係を表す意味もあるのです。たとえば，

face **to** face（顔と顔を合わせて）

I quite agree **to** your way of thinking.
（あなたの考え方に賛成している）

のような使い方もあります。

◎ **to と for の違い**

to と for は共に「目的とする方向に向かう」という意味を持っていますが，to は「**元の場所に戻る**」ということを意識させない前置詞なのです。

代わって for は go, leave など「行く，去る」を表す動詞につくと，場所の意味としては「**出発点が明確であり，そして**

必ず元の場所に戻る」というニュアンスがあるのです。

---

(1) Could you change Japanese yen **to** dallars?
（円をドルに両替していただけますか？）
　　　to は一方通行で，戻ることを意識させない前置詞です。

---

(2) A: This is the Nozomi 122 bound **for** Tokyo.
　　（この電車はのぞみ 112 号東京行きです）
　B: He left Tokyo **for** Honolulu.
　　（彼は東京を出発してホノルルへ行った）
　　　出発点にまた戻ることを意識させるので for が適切です。

---

(3) A: He went **to** Osaka.（彼は大阪へ行った）
　B: He left Tokyo **for** Osaka.
　　（彼は東京を出発して大阪へ行った）

◎**前置詞と不定詞との違い**
前置詞のように to を使う文には不定詞があります。前置詞と見分けがつきにくいため，次ページに例文をあげて区別してみましょう。

　前置詞は名詞との間に距離，空間，時間的な隔たりがある場合に「**動詞＋前置詞＋名詞**」または「**動詞＋目的語＋前置詞＋名詞**」の形で表します。それに対し不定詞は「**to+ 動詞の原形**」の形で，動詞を名詞化，形容詞化，副詞化します。

　たとえば「先にこの行為・動作をしてから，2番目に目的とする行為・動作をする」という文脈のように，1つの文章の中

で 2 つの目的とする行為・動作が存在する場合，不定詞を用います。

2 番目の動詞に to を加えて不定詞にすることによって，「1 番目の動作は手段であって，目的とする動作は 2 番目である」と表します。

例1 「銀座に行って映画を観るつもりだ」

この文には「①銀座に行く」「②映画を観る」という 2 つの動作がありますね。
そうすると「映画を観るのか，銀座へ行くのかどちらが目的なのか」を明確にする必要があります。

このとき，「①**先に銀座に行って（＝手段），②そこで映画を観る（＝目的）**」であれば，目的とする動作に不定詞（to＋動詞の原形）を入れれば「**目的とする行為・動作のために，1 番目の行為・動作をするのである**」ということがはっきりします。

そうすると，「行為・動作を表す動詞＋ to＋動詞の原形」の構文を用いることで，

I'll go to Ginza **to** see a movie.
　（銀座に行って映画を観るつもりだ）

となります。これは動詞が目的を表しますので，不定詞によって動詞が副詞化されたと言えます。

例2 I need still more 200 yen **to** buy it.
　　（あと 200 円以上あれば，それを買える）

　これも同様に「1 番目の動作は手段であって，目的とする動作は 2 番目である」のマインドです。
　「行為・動作を表す動詞＋ to ＋動詞の原形」の構文で動詞を副詞化して目的を表します。
　ちなみに need は「困窮している」状態を意味する動詞で，その結果「必要とする」という解釈になるのです。

例3 Do you have something **to** write?
　　（何か書くものを持っていますか？）

　これも不定詞を使った一例です。to write（書くための）が，something（何か）を修飾しているため，動詞が形容詞化しています。

例4 A: I'm glad **to** see you.（あなたに会えてうれしい）
　　B: I got surprised **to** have a large scale of quake this time three years ago.
　　　（大きな地震が 3 年前の今頃にあったことに驚いた）

　「形容詞＋ to ＋動詞の原形」の構文です。不定詞の to see（会えたこと）で，動詞が名詞化しています。

例5 We will only have six minutes **to** go there.
　　（そこへ到着するにはあと 6 分ぐらいだろう）

go は「この場から離れる」を表すので，to go で目的地まで「距離，空間がある」「離れている」ことを意味します。

have（すでに加わっている）を用いて「そこへ行くまでに，離れている状態がすでに加わっている」となることから「あと〜分かかる」という意味が出てくるのです。

ですから目的地まで「あと6分」は six minutes to go there で表します。

◎ **for の意味**

for は「**ある行為・動作の見返りに，価値相当のものを得る**」または「**他から与えられたことに対して，対等のものを与える**」，つまり因果関係という，空間，隔たりを説明するために使う前置詞です。「〜したので，その代わりに〜する」を表します。

---

(1) Ken got bullied by one of his friends **for** showing off a very expensive watch.
(健はとても高い時計を見せびらかしたので友達の1人にいじめられた)
　　※ show off＝見せびらかす，bully＝いじめる

---

(2) I thank **for** your kindness.
(あなたから親切にしてもらったので感謝している)
「相手から〜されたから感謝する」を表しています。

---

(3) I will wait **for** you in front of the station.
(駅前であなたを待つでしょう)
wait になぜ for という前置詞が必要なのかといえば,「待つ」その代わり「人が来る」からです。

---

(4) I took her **for** Keiko.（彼女を恵子かと思った）
take は「思う」という意味から,「彼女」の代わりに「恵子」と勘違いしてしまったといえます。

---

(5) He paid it **for** 20,000 yen.
(彼は 20,000 円支払ってそれを得た)
20,000 円のお金を, 20,000 円相当の価値のあるものと交換したというニュアンスです。

---

(6) This robot will give great help **for** substituting **for** the disabled person.
(このロボットは身体に障害を持つ人の代わりとなって大活躍をするだろう)
「〜を相手に与える代わりに〜をもらう」のように,「見返り」を期待して行動する場合に for を用います。

2 どこが違うの!? by　for　until

◎ by の意味

あるところへ出かけて行くのに，距離が短ければ歩いていけますが，遠方であれば途中，飛行機，電車，バス，タクシーその他の交通機関を使わなければなりません。

実は，この「**(目的地に達するために) 全面的に～に頼る**」というのが by の本質なのです。また，by は「**差**」を表す前置詞ともいえます。

前置詞	交通機関	意味	ニュアンス
by	train	電車で	目的地に達するために、全面的に頼るという意味
by	airplane	飛行機で	
by	bus	バスで	
by	taxi	タクシーで	
on	foot	徒歩で	自分の足で、他の手段に依存しないという意味 （by foot とは言わない）

たとえば，飛行機を利用し，到着した空港よりも最終的な目的地がさらに10km先だったとします。その場合，飛行機が着くところは最終目的地まで「**少し足りない**」または「**行き過ぎてしまう**」のどちらかになります。

いずれにしても，「**(目的地までの距離に) 差が生じる**」という意味が生まれてくるのです。

そして差が生じた距離は，by oneself（自分の力に頼って）

で行くことになります。

このように,「(目的地や目標に達するための) 手段への依存, 時間, 距離, 動作, 状態」のすべてが by の本質なのです。

(1) I am climbing to the top of the mountain **by** and **by**.
(徐々に山の頂上まで登っている)
「目的地まで徐々に進んで,やがて到着する」の意味

(2) I go to the company **by** train every day.
(毎日,電車で会社へ行っている)
「目的地までの区間を全面的に電車の力を借りて」の意味

(3) The train stopped **by** 20 meters before the station.
(電車が駅から20メートル先で止まった)
「目的地からはずれて(通りすぎて)差が生じた」の意味

(4) I must finish the work **by** 5 o'clock.
(5時までに仕事を終わらせなければならない)
「目的を達するまでのすべての過程を期限に達するまでに」の意味

(5) I've missed the train **by** three minutes.
(3分間に合わなかったので電車に乗り遅れた)
「目標とするものに間に合わない」「3分の差で」の意味

(6) This one is more expensive than that **by** 20 yen.
(これはあれより20円高い)
「目標とする値段より差が生じて」の意味

(7) I passed the entrance exam for the university **by** using this book.（この本を使って大学入試に合格した）
「目的に達するまで〜の力を借りて」の意味

(8) Divide 4 **by** 2.（4を2でわる）
「4を2という力で分ける」の意味

(9) Multiply 4 **by** 2.（4に2をかける）
「4という力を2で乗じる」の意味

◎ **until の意味**

until は「出発点から目標点までのすべての予定と行動」を表します。for とは近い意味を持っています。

A: I'll wait **for** his coming here.
　（私は彼がここへ来るのを待つ）
B: I'll wait **until** he comes here.
　（私は彼がここへ来るまで待つ）

for は「出発点または動作の起点から終わりまで」というニュアンスがありましたが，until にも「終点または動作が終わるまでの間ずっと」というニュアンスがあって，for も until もほぼ同じ意味なのです。

ただ，わずかに違う点は，for が「〜を求めて」「〜に向かう」というように方向性があるのに対し，until はただじっとして，相手に時や動作の終わりを告げるだけなのです。

I had been living there **until** last year.
(昨年まで，そこにずっと住んでいたのです)

このように until を使うことによって「昨年まで」というように，継続している動作，または継続しようとする動作の終了を告げているわけです。
しかし，until には「継続して」という意味がありますから，たとえば for ～ years（～年間）のように，「いつからいつまで」という意味も間接的に伝わります。

They will rent a car **by** a month.
(ひと月［＝ 1 カ月区切り］までは車を貸してくれるだろう)

for や until に対して，by は「いつからいつまで」というように時間，動作，距離に終止符を打つのではなく「区切りや小休止を入れる」と考えてください。

前置詞	ニュアンス
by	時間，動作，距離に区切りや小休止を入れる，最小幅
for	出発点から目標までの連続した時間，距離，動作を表す
until	継続している動作，または継続しようとする動作に「ここまで」と区切りを入れる

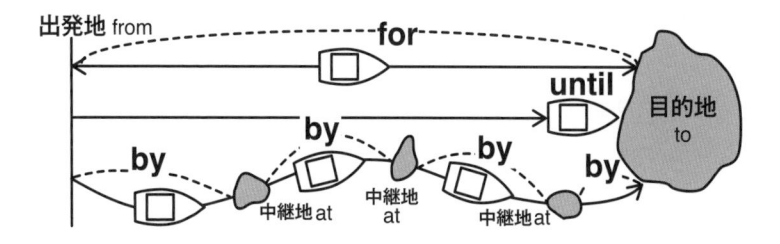

どこが違うの!?
3 to with by in

◎ to と with

　with の本質は「～と同時に」でしたね。そしてその結果,「**同時に加わって**」「**加担して**」「**関係して**」といった意味が派生してきました。

　では,「離れているもの同士がくっつく」も with なのでしょうか？　一見 with のように思えますが, 実は to なのです。

　to の「**目的に向かって**」という意味から「**目的に達して**」「**至って**」という意味が派生してきます。この「至って」には, 別々のものが目標に向かって「**対等に並ぶ**」つまり「**くっついて離れない**」という意味が含まれます。

動詞＋toの使用例	意味
stick **to**～	(人・物に)ぴったりとくっつく
close **to**～	～に接近する
marry **to**～	(人)と結婚する
cling **to**～	～に執着する,～に固執する,～にすがりつく
adhere **to**～	～に粘着する,～付着する

　これらのように, くっついて離れないものは, すべて to が使われるのです。

Chapter 2 西村式『前置詞の選び方』がいとも簡単にわかる！

「ホンマかいな？」と思われるかもしれませんが，ラブレターを出すときに，

Could you marry **with** me? ではなく，

Could you marry **to** me? と書いてみてください。

その方が自然です。（しかし現在では marry to ＋人とはあまり言わず，「marry ＋人」の形で用います。）

いずれにしても，別々のものが目標に向かって「至る」，または「くっつく」という場合には，to を用いてくださいね。

◎ by と with

前置詞の中で with と by も混同しやすいものかもしれません。

前出のように，by の本質は「（目的を達成するために）手段に全面的に頼る」でした。

たとえば「とある場所へ行く」という目的を達成するには，by train（電車で），by bus（バスで），by bicycle（自転車で）というように，by が用いられるのです。

by と with の根本的な違いは，<u>by は「**手段に全面的に頼る**」なのに対し，with は「**数ある選択肢の中の一部を用いて**」ということです。</u>この違いを頭の中に入れておくと，by と with を混同しなくてすむのです。では，例をあげて説明しましょう。

(a) You should write it **with** a pencil.
　　（鉛筆で書いた方がいいですよ）
(b) Please peel off the skin of an apple **with** this knife.
　　（どうぞ，このナイフでリンゴの皮をむいてください）

どちらも with で「～を使って」という意味を表しています。

with を使った場合には，数ある選択肢の中からそれを選んで使ったと考えられます。

　(a) であれば，書く手段は鉛筆に限らず，他にも万年筆やボールペンがあったかもしれません。同じく (b) であれば，このナイフ以外の選択肢もあったかもしれません。

◎ in

　「～を使って」という意味では，in を用いることもあります。

　in の本質は「**すでに加わって**」「**あらかじめ～に加わっている**」という意味でした。

　ですから in writing で「書いてしまって」となり，in my car は「すでに私の車に乗るように心に決めている」という意味になるのです。つまり，ある動作をする以前の意味が出てくるのです。

　また，in を未来形とともに用いる場合には，in の「あらかじめ～に加わっている」というニュアンスから，「仮に～に加わるとするならば」という未来的な意味が派生してきます。

　つまり，in は「ある動作や状態になる以前，または先行する動作や状態」を意味するのです。

　たとえば「赤インクで書く」は，「赤インクを使う（＝選ぶ）」と「ペンを使って書く」という 2 つの動作をあわせ持っています。そのうち「赤インクを使う（＝選ぶ）」の方が「ペンを使って書く」という動作よりも以前の動作になるため，in red ink を用いることができます。

Let's take a coffee break!

英語にまつわる苦い話

　滋賀英会話学院を設立した頃，これまた苦い経験をするとは思ってもいませんでした。
　ある日，当時付き合っていたＡ子ちゃんと『エデンの東』という映画を観に行ったときのことです。

　「あんたええなあー。英語がペラペラやし，同時通訳もできるから，映画の字幕なんて見なくて済むものね？」チラチラと横顔をのぞく彼女。「しまった……。」本当は字幕を見なければ３分の１もわからなかったのです。

　「映画はセリフが速いからわからないところが多いんだ！」と一言言えば済んだものを，そう言わなかったものだから，さあ大変なことになってしまいました。

　冷や汗をかきながら映画を観た経験なんて初めてでした。
　私はとっさに「急用を思い出した！」と彼女に嘘をつき，映画の半券にハンコをおしてもらって，映画館から外へ出たのを覚えています。

　その後，映画を観終えて映画館から出てきた彼女が帰りのバスに乗るのを確かめてから，私は急いで映画館に戻り，字幕を見ずに映画を観たのですが，本当に理解できなかったのです。

　「なんで同じ人間なのに，ネイテイブの耳に近づくことさえできないのだろうか？」無性に腹が立って，その日は眠ることができませんでした。

(p.198 につづく)

どこが違うの!? 4   on   to

onとtoも，われわれ日本人にとって混同しやすい前置詞です。

toの本質は「目的に向かって（合わせて）」その結果「目的に達して」「至って」でした。

ですからget, give, bring, take, go, carry, deliverなど，**「～の方向に向ける」「～へ向かって動く」**という意味の動詞には，すべてtoが用いられます。

実はtoには「好意的，意図的にことを運んで」という隠れたニュアンスがあります。ここではそれを汲み取ってほしいのです。

動詞＋toの使用例	意味
get **to**～	～に到着する
give **to**～	～を与える
bring **to**～	～を持ってくる
take **to**～	～を好きになる，～を受け入れる
go **to**～	～しに行く
carry **to**～	～を運ぶ
deliver **to**～	～を届ける

一方，on は「動いて」「傾いて」その結果「加わる」という意味でした。

<u>on には限定された事項に対する「**依存**」「**影響力**」「**作用**」の意味もあるのです。</u>依存するという意味では by もありますが，by が（手段に対して）全面的な依存であるのに対し，on は限定された事項にのみ用います。

on の意味は，「〜の上に」というように一言で片づけられていますが，その根底には「傾いて」その結果，限定されたものに対して「依存して」「作用して」という意味があることを忘れないでください。そうすると，to との区別が明確に出てくるのです。

いくつか例をあげてみましょう。

① We live **on** rice.（米をたよりに生きている）
② That depends **on** you.（そのことは君次第だ）
③ This medicine will work **on** fever.
　（この薬は熱に作用する［＝効く］）
④ This Friday will fall **on** my holiday.
　（今度の金曜は，たまたま休みにあたる）
⑤ The drinks are **on** him.
　（飲み物は彼のおごり［＝負担］である）
⑥ This food is heavy **on** my stomach.
　（この食べ物は胃の負担になる）

どこが違うの!? 5 **away** **off**

　awayの本質は「離れて」、その結果「遠のく」でした。

　たとえば、移動を目的としてput awayやtake awayが、「片づける」という意味で用いられます。

　これに対してoffは「姿や形がなくなり」、その結果「本来の機能をしなくなる」というニュアンスがあります。

　それぞれのニュアンスをはっきりつかんでいれば、awayとoffを混同することはないと思います。

Please put it **away**.
　（それをどこかにやって［＝片づけて］ください）

Would you like me to take them **away**?
　（それらを取り去って、どこかへやりましょうか［＝どこかへ移動しましょうか］？）

　このように、awayを用いますと、たとえば「机の上にあるものをどこかへ持っていって、その結果として机の上が片づく」というニュアンスが生まれます。

　それに対して、take offのようにoffを使うと、takeの「動いて加わる」というニュアンスから、「離れたところに動いて加わる」「別のところに姿を隠す」という意味になります。

　「飛行機が離陸する」がtake offになるのも、「飛行機が動いて、そしてついに姿を隠す」という意味があるからなのです。

同じように「死ぬ」も「姿を消す」というニュアンスから take offが使われます。

	away	off
原因	あることを継続していく、進む	中断する、離れる
結果	遠のく、離れる	消える
例文	He is **away** now. (彼は今、姿が見えない)	He is **off** today. (彼は今日、休みである)
解説	「姿や形が遠のいて」という意味から、「今はいない」「不在中」となる	「これまでの動作や状態が中断する」という意味から、「休む」となる

Let's take a coffee break!

英語は腹式呼吸だ！

　学生の頃，英語力をつけるために，毎日声に出して英字新聞を読んでいました。ある日，友達が家に来るというので買物から急いで帰ったとき，駆け足で戻ってきたためハアハアと息切れしながら，友達が来るまでの間に英字新聞を読んでいたのです。

　すると，いつもとは何か違うことに気づきました。息切れすることによって，自然に腹式呼吸になっていて，英字新聞を読む声がネイティブのような音質になっていたのです。

　このとき「英語は腹式呼吸だ！」と，初めて呼吸法の大切さに気づきました。

　それからというもの，肺活量を鍛えるために，大学の屋上で大きな声で発声練習をしたり，家の風呂に5メートルの長いホースを入れて，ブクブク息を何度も吐き出したりという独自のトレーニングを行いました。

　肺活量は身近にあるもので十分に鍛えることができます。洋画や洋楽の口真似もおおいに役に立ちます。洋画の DVD は，英語の字幕を表示させることができるので，それを読みながら口真似できます。

　洋楽はできるだけテンポの速いものを用意し，歌詞を見ながらイヤホンで聞いてください。歌に合わせて歌詞を口ずさむことを繰り返していれば，英語の感覚をつかむことができます。

　これは余談ですが，「関西人は方言のアクセントが英語に似ているから，英語を話すのに有利か？」と聞かれることがあります。居住地の違いによって得意，不得意があるとは思えません。なので，皆さんはそのような風説に惑わされず，英語を話すためにはコツコツとトレーニングを積み重ねていってください。

(p.227 につづく)

Chapter 3
西村式『前置詞の円運動』が
いとも簡単にわかる！

　自称日本一の英語講師の私は，いつも頭の中は英語だらけです。考えごとも，ひとりごとも，もちろん寝言も英語です。
　そんな私はついに，円を使って前置詞を簡単に理解する方法を発見してしまったのです！
　さあ，復習の意味も含めて，私の話に耳を傾けてください。

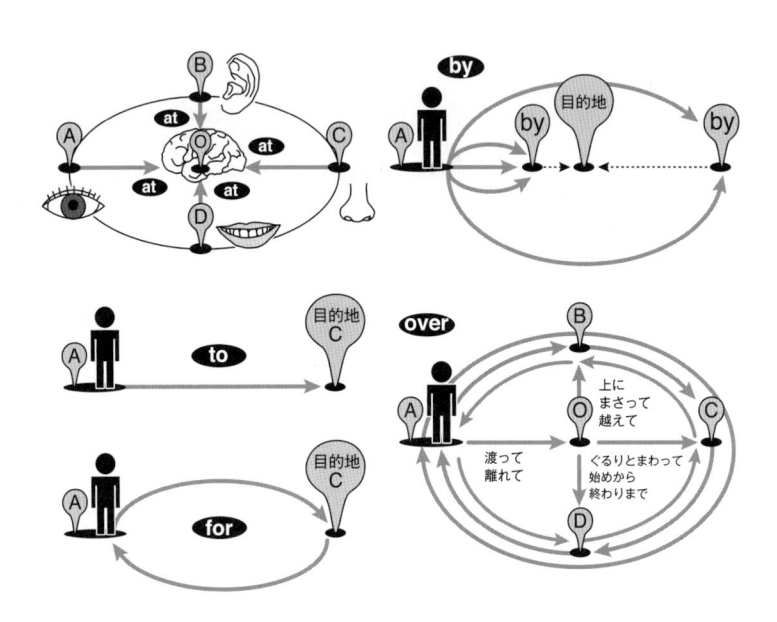

1. over, to, for

overの本質は「**〜を越えて**」「**〜を離れて**」「**〜の上に**」という意味でした。

下の図を見てください。A点に人がいるとしましょう。A点にいる人がB，C，D点のいずれの方向に向かうのも，または半円運動，円運動をするのも，A点からO点を越えてC点，そこからB点，D点へとノンストップで動くのもoverの本質です。

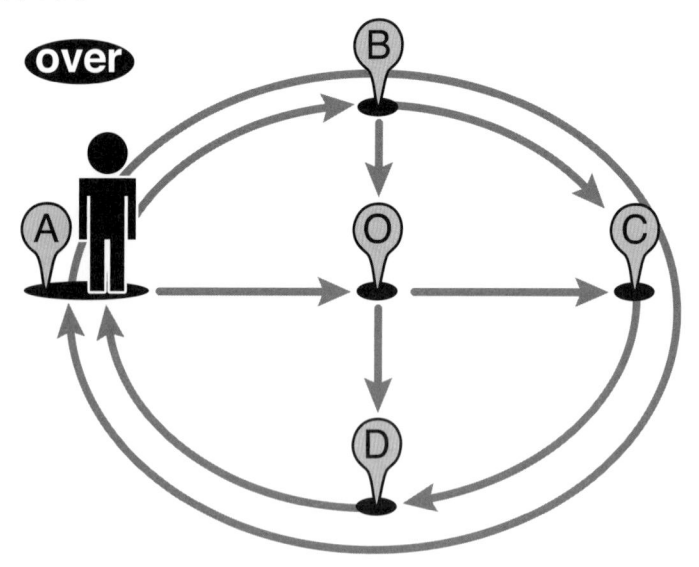

toは「**目標に合わせて**」「**向かう**」，その結果「**目標に至る**」でした。

ですから「目標を設定してその目標に向かう」，つまり目標点を中心に言う場合にはtoを用います。

to が目標点を中心に言うのに対して，for は出発点を中心にしています。

for の本質は「**内部，外部の両方向に向かう，向けられる**」でした。つまり，<u>for は，「**〜を求めて（出発点から）目的，目標のために向かう**」という外向きの意味と，外向きから来るものを「**〜で受け止めて**」そして，その「**代わりをする**」という内向きの意味があります。</u>

つまり円でとらえると，A 点（＝人）が C 点（＝目的地）を求めて「向かう」という外向きの意味と，主に C 点から来るものを，ようこそと言って「受け止め」，そして「その代わりに」自らが C 点に出向く，といった内向きの意味になります。

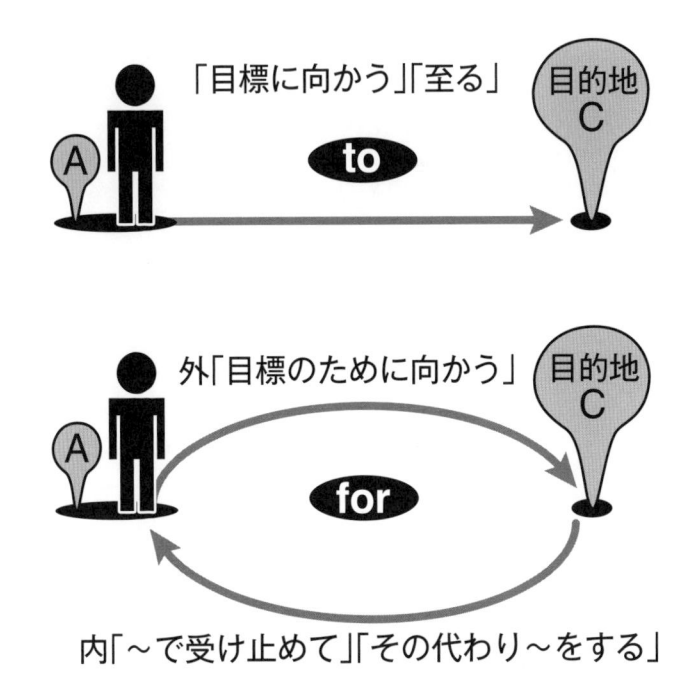

「目標に向かう」「至る」　目的地 C

A　to

外「目標のために向かう」　目的地 C

A　for

内「〜で受け止めて」「その代わり〜をする」

◎ to と for の使用例

	使用例
to	A点からC点に合わせる(向かう) I dance **to** his step. （彼のステップに合わせてダンスをする） face **to** face （顔と顔をつき合わせて） four **to** five （4対5）
	C点に向かう go **to** the States （アメリカへ行く） **to** the purpose （目的にかなって）
	C点に達する get **to** the station （駅に着く） **to** see you again （あなたに会えるという目的がかなって）
for	出発点から目的・目標のために向かう(A点を出発してC点に向かう) go out **for** shopping （[家を出て]買物に行く）
	～を求める He asks me **for** the car. （彼は車をほしがっている） I'll wait **for** him. （私はここで彼を待つ）
	～の代わりをする I write a letter **for** her. （彼女のために代わって手紙を書く） I act **for** him. （彼の代理をする）
	受ける(＝受け止める) **for** his coming （彼に来てもらって） **for** joy （喜びを受けて）

2. by, up, down

　byには「全面的に依存する」という強い意味があっても「連続して行く，進む」という意味においてはoverやtoのように，スムーズに目標に達する勢いがないのです。
　力が弱いものだから，自らの力では限界があります。

　そこで，byには「**他の力を借りて**」「**少しずつ進む**」，その結果「**目標の近くまで至る**」という意味が出てくるのです。
　また，「目標の近く」ということで，「(目標まであと一歩のところで)～に及ばない」という意味はもちろん，「行きすぎて」もbyなのです。

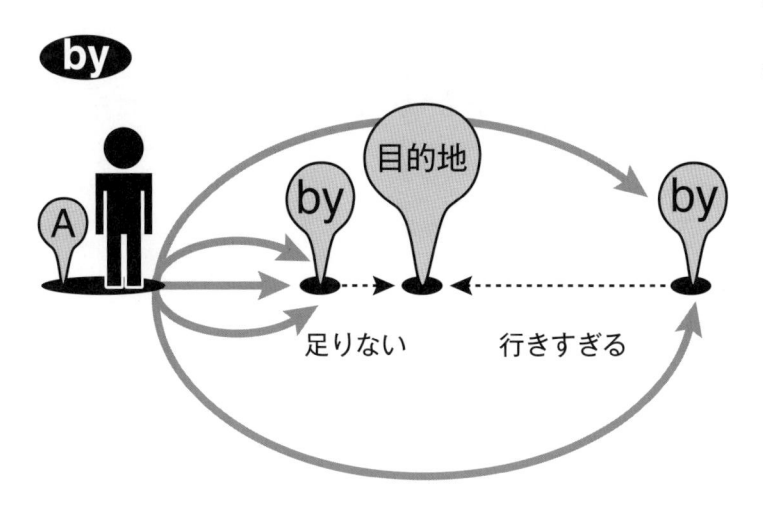

いずれにしても，by は「**目標点の近くまで行けても，結局目標点には至らない，達しない**」という意味なのです。by とは，あわれで実にかわいそうな前置詞なのですね。

ところが，このあわれでかわいそうな by から，up と down という，2つの前置詞が生まれてくることになります。

upとdownの誕生秘話

力の弱い by たちは，いつも目的地にたどりつくことができませんでした。生活もままならず，ついには神様のご慈悲にすがろうと，「どうか私に力をください！」とお願いしました。

やさしい神様は「おまえたちはどこにたどり着きたいのだ？」と by たちの願いを聞き入れました。

ところが by たちは，てんで好き勝手に「私は上に行きたいわ！」「オレは下に行きたい！」と勝手にわめき始めたのです。

そこで神様は，「上の方向に向かうグループ」と「下の方向に向かうグループ」に分けました。

——これが up と down の誕生というわけです。

upは「上の方向に向かう」グループに属します。この世の中にオギャーという産声をあげ、ヨチヨチ歩きから自らの意志で立ち上がり、すくすく成長するニュアンスがupなのです。

　ですから、upの意味は「動く」、そしてA、D、C点からB点に向けて「上に向かう」、そしてその結果「行きつくところまで行ってしまう」なのです。

　しかし、この世に生きるものすべてが幸運に恵まれるとは限りません。upの状態が永続するとは限りません。人であれ、動物であれ、いつかは「だんだん弱って本来の機能を果たさなくなり」、「衰え」、「数や量が減少していく」という運命をたどらねばなりません。これがdownの本質です。

　downはA、B、C、O点にいるものが「(その場から)離れて」「伏してしまう」か、「下を向く(＝D点に向かう)」という意味です。

　「食べる」「書く」なども、実は方向でいえばdownなのです。それに年輩者から年少者へ「引き継がれる」や、「量が少なくなっていく」「上から下への運動」なども、みんなdownの本質です。

　次の図を見てみましょう。実はOA、OCもdownなのです。「平行で少しも下を向いていないじゃないか」という声が聞こえてきそうですが、これはOBで直立していた棒が、何かの拍子で倒れて横になった状態なのです。ですからこのOA、OCともにdownが使えるのです。

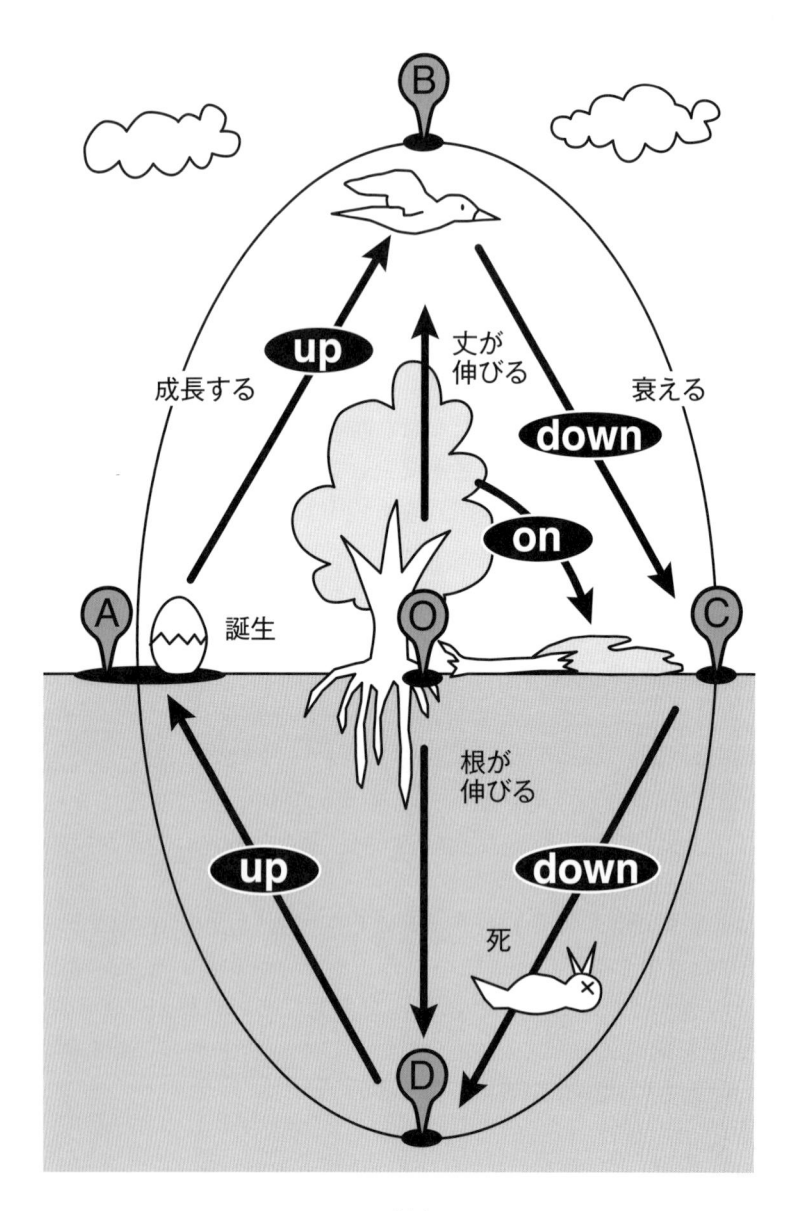

成長する　up　丈が伸びる　衰える　down　on　誕生　根が伸びる　up　down　死

3. on, away, along, off

　さて、つぎは on ですが、左の図を見てください。on は O（＝地面）から B（＝空）に向かって立っている木が「動いて」そして「傾いて」その結果 OA ないし OC に「加わる」という意味でした。

　〝動〟のグループの中には、動きを促進させようとするものもあれば、逆に動きを止めようとするものもあります。本来の動作を続けさせようとするものは away です。

　away の本質は「(ある動作) をずっと継続させて」その結果「**遠のく**」「**離れていく（移動）**」なのです。read away なら read（読む）という動作を「ずっと連続させる」という意味から「読んでしまう」という意味が出てくるのです。

　away と同じような意味で、along が用いられます。<u>along は「進むという動作を継続させる」という意味ですが、away と違って、用いる動詞は、go, walk, come など、進行を意味する動作に限られてしまうのです。</u>

　一方、これまでの動作や状態を中断する前置詞もあります。それが off なのです。
　off の本質は「**中断する**」そして「**離れていく**」、その結果「**姿、形がなくなる**」でしたね。

4. at, in

　atの意味は「**一時的に動く**」,そして「**目的を狙って**」という外に向かう意味と,「**一時的に受け止めて**」という内に向かう意味がありましたね。

　atは「一時的に」「一瞬の」という意味で,他の前置詞と区別が可能です。車にぶつかったときもatなら,見て,聞いて,知って驚くのもatなのです。
　下の図で言うなら,A,B,C,Dの各点から目的のO点に向かって進み,目的を達する一瞬がatの本質なのです。

　また,目的に達したのち,しばらく,または長くそこにいる場合はinが使えます。
　inの本質は「あらかじめ,または仮に加わって」,そしてその結果「〜にすでに加わっている」でしたね。

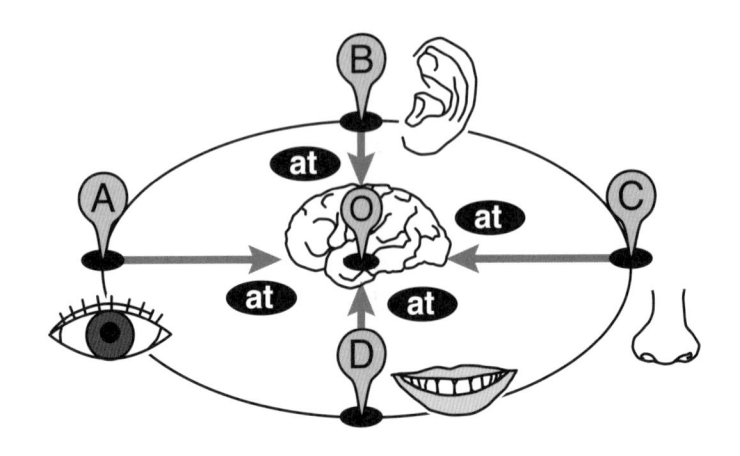

Chapter 4
西村式『副詞＋前置詞』が
いとも簡単にわかる！

　何度も同じことを繰り返してすみません。でも，英語はしつこく繰り返した方が忘れないのです！

　しつこいのは，私の性格ではなく，「復習のために」という意味ですから，誤解しないようにお願いします。

　私自らが過去に「副詞＋前置詞」のことを「二重前置詞」と呼んでいましたが，これはまちがいでした。
　二重前置詞など存在しないのです。見た目は前置詞が重なっているように見えますが，本当は前置詞の前にくるのは副詞だからです。前置詞と副詞を混同しないように，もう一度，この大原則を声に出して覚えましょう。

> **副詞は動詞のうしろにつく**
> **前置詞は読んで字のごとく名詞の前につく**

それでは，「副詞＋前置詞」の勉強を始めましょう。

1 away + 前置詞

1. away with「うまく逃れる」「持ち去る」

(1) Who got **away with** it?（一体, 誰がそれを持ち去ったのか？）

with を使うときは「(別の動作, 状態が) 同時に加わっている」と思ってください。

ですから, get away with it は, get away と with it という別々の動作が加わっていると発想します。

get away が「逃げる」, with it が「それを加えて (持って)」ですので,「持ち逃げする」というニュアンスが出てきます。

このように, with はいかなる場合でも, 他人または他との関係, 関連を意味しますので, 切り離して考えてください。

(2) No kidding! I never believe that he's going to run **away with** her.

（冗談でしょう！ 彼と彼女が駆け落ちするなんて）

away は「ずっと継続する」という意味でしたね。
run が「走る」という意味ですから, run away で「走ってどこかへ行く」というニュアンスになります。
そして with her がつきますので,「彼女も走ってどこかに行く」という意味から, ここでは「駆け落ちする」というニュアンスが出てくることになります。

Chapter 4　西村式『副詞＋前置詞』がいとも簡単にわかる！

　同じことを繰り返して恐縮ですが，最後に up や down の「動作を強調する機能」について，もう一度よく復習してみたいと思います。

　すでに説明を繰り返しましたように，up や down は「動作の終了」を意味しましたね。ですから up も down も，「〜の方向にとことんまで」といった共通した意味が出てくるのです。

　でも，こうした「とことんまで」という意味の背景には，「**進む**」または「**ある動作を継続，または連続してやっていく**」というニュアンスがあるからです。そして因果関係の法則から，その結果として「**（エネルギーを消耗しきって）尽きてしまう**」「**行きつくところまで行ってしまう**」そして「**とことんまで**」といった**動詞の強調**の意味が出てくるのです。

　同じようなニュアンスで，away も「動作を継続して」という意味があり，out も「外へ」，そしてその結果「なくなる」という意味がありますので，動詞の終結を表しています。
　要するに，away, up, down, out などは，動詞を強調するニュアンスがあるのです。以下，eat を用いて例をあげてみますので覚えておいてください。

動詞	強調の副詞	ニュアンス	意味
eat	**away**	食べる動作を継続する	どんどん食べ続ける
	up	食べる動作を最後まで継続する	最後までとことん食べる
	down		
	out	なくなるまで食べ尽くす	すっかりたいらげてしまう

211

2 on + 前置詞

1. on to

　on to は 2 つの前置詞がくっつき合ったものなのです。(on は副詞，to は前置詞です)

　on の意味は「〜に加わる」「傾く」，to の意味は「目的に向かって」「至って」でした。これを 1 つに合体させると「〜の方向に（心を）傾ける」「〜の方に動く」「〜に向かって」そしてその結果「相手の心がわかって」という意味になるのです。

　on to は「**比較的近い目的地**」や，「**今いる場所から目的とするところに向かう**」を表す場合に用います。

---

(1) I think he hasn't got **on to** the station yet.
　　(彼，まだ駅に着いていないようだね)
　　　on to 〜で「〜に向かって」という意味ですが，「向かう」の get を入れると，「〜の方に達する」になります。

---

(2) You should hang **on to** this shop with all your efforts.
　　(君はどうあっても，この店をやっていくべきだね)
　　　「どうあっても」は「最悪の事態があらかじめ加わったとしても」というニュアンスですから，in case をおすすめします。
　　　でもここの例文の場合は，最悪の事態が起きるとこの店がやっていけなくなりますので，「どうあっても」は「最善の努力を同時に加えて」と理解し，with all your

efforts を使った方がいいですね。

さて，hang の「ぶらさがる」という意味から，「できるだけ現状のままにしておく」「維持する」という意味が派生してきます。

on to 〜が「〜の方向に心を傾けて」ですから，hang on to the shop で「その店に心を傾けて何とかやっていく（維持していく）」という意味になります。

---

(3) Shall we go **on to** the park?

（公園を散歩しようか？）

　on to the park は「公園に心を傾けて」，つまり「公園に行く」という意味なのです。ただし，ここでは同じ公園に行くのでも，景色がすばらしいなど，心を傾けるものがあるから，というニュアンスを含んでいるのです。

---

(4) I'm **on to** his plot. Anyway, leave it for me.

（彼の悪だくみはわかっているんだ。とにかくここはオレにまかせてくれ）

　on to his plot で「彼の陰謀に心を傾ける」という意味なのですが，因果関係の法則から「彼の陰謀を知っている」という意味も派生してきます。

　leave it for me は，つまり「私にお任せください」ということですので，この場合の for は「オレに任せてくれればその件は何とかするよ」という意味になります。

(5) You'd better still hold **on to** these stocks.
    (まだこの株券は手放さない方がいいよ)
    on to these stocks で「これらの株券を動かす(傾ける)」です。
    hold は「現状を維持する」ですから, hold on to ～で「～まではずっと持ち続ける」, つまり「手放さない」というニュアンスが出てきます。

2. on for

on for は, on の意味が「(目的に向かって) 動く, 機能する, 傾く」, for の意味が「～を求めて」「～に向かう」ですから, on for で「**～に向かって動いている**」になります。

on for は be going on for ～, もしくは be getting on for ～の形でよく用いられるのです。

(1) It has been going **on for** 5. So, I have to go now.
    (もうそろそろ5時ですから, 私はこれで失礼します)
    go も「動く」, on も「動く」, go on で「どんどん動く」というように意味が強められます。
    for は「～に向かって」ですから, go on for 5 で「5時に向かってどんどん近づいている」という意味になります。
    for はここでは「今の時間を中心にして」から「そろそろ」を表します。

(2) He has been getting **on for** 40.
（彼は 40 歳になろうとしている）

　　get の意味も「向かう」でしたから，ここでは go と入れ替わったというだけで，意味は変わりません。
　　ただし，go の方が get よりも意味が強くなります。
　　飛行機にたとえると，get down は「ゆっくり下に向かう」，つまり「着陸する」なのですが，go down にすると「墜落する」ニュアンスになってしまうのです。
　　（「飛行機が墜落する」の意味では crash の方が一般的に使われています。）
　　ここでの on for の on は「時が経つ」，for は「40 年間」の意味から，「40 歳になろうとしている」を意味します。

3 in + 前置詞

1. in for

　in の意味は「すでに加わっている」でしたね。

　for は「～に向かう」という外に向かう意味と,「～を受けて」という, 内に向かう意味があります。

　in for で外に向かう意味からは「**すでに～に向かっている**」「**すでに～する予定になっている**」が, 内に向かう意味からは「**～を受けることになっている**」が派生してきます。

---

(1) It will be **in for** rain this afternoon.
　（これは昼から雨になるかもしれない）
　　in for rain で「すでに雨に向かっている」つまり「雨が降りそうである」という意味になるのです。

---

(2) We'd like to put her name **in for** the president for this club.（彼女をこの会の会長に仕立てたいんだよ）
　　her name in for the president で「会長の座につけるために名前を入れる」という意味ですが, そこから「会長の座に推薦する」というニュアンスが生じてきます。

---

(3) I'm **in for** trouble.（こりゃ, 困ったことになるよ）
　　I'm in trouble. ですと, in が「すでに加わって」という意味ですから,「困難な状態になって」となります。しかし, for を入れると「やっかいなことになろうとし

ている」という意味になるのです。

(4) Will you stand **in for** me tomorrow?
(すまないが，明日代わりに仕事をしてくれないか)

standは「姿，形を現して」，その結果「一時的にじっとしている」という意味なのです。

inは「すでに加わっている」ですが，未来形とともに用いる場合は「あらかじめ〜を加える」ですので，stand inで「あらかじめ姿を現す」という意味が出てきます。

これにforの「〜の代わりをして」をかけると，stand in for 人で，「人の代わりをするために，あらかじめ姿を現す」。

おかしな日本語になりましたが，要するに「人に代わって姿を現す」という意味なのです。

(5) He goes **in for** beer.
(彼は特にビールが気に入っているようだ)

主語がHe（彼）ですから，go for beerで「ビールを求めて動く」から「ビールが好き」という意味になります。

inは「すでに加わって」ですので，go in for 〜で「（〜を好む）という状態が以前から続いていた」というニュアンスになるのです。inがgo forを強めているのですね。ここではgo inで「中に入る」という意味から「飲む」という動作が生まれます。

4 up + 前置詞

1. up to
(力のある限り) 目標に向かってとことん行く

to は「〜に向かう」という意味ですが，この to に up (尽きるという意味) をつけると，**「目標に向かってとことん行く」**という意味になるのです。「エネルギーのある限り，命の続く限り，行きつくところまで行く」といったニュアンスですね。

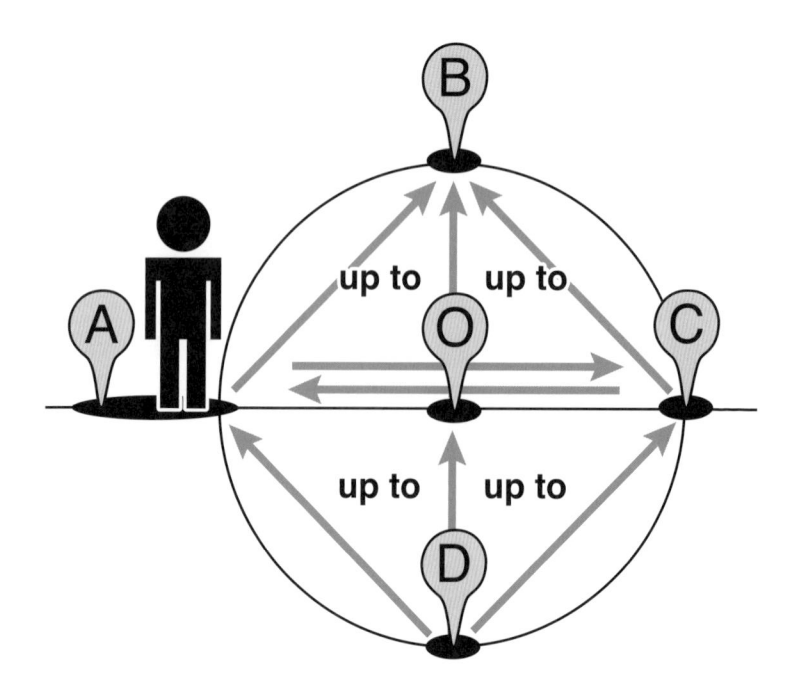

toの意味は，円運動に置きかえると，左の図のようにA点からO点を通過してC点に向かう，または逆にC点からO点を通過してA点に向かうという一方通行でしたね。

ですから，come（近づく，現れる，くっつく），go（動く，そして離れていく），give（向ける），get（向かう，向ける），bring（もたらす），introduce（紹介する），speak（話す），show（見せる，表す）など，A→O→C間を一方通行する動詞は，まさにtoの本質を表しているのです。

左の図で説明しますと，A点にいる人がB点に至るのも up to B，C点に至るのも up to C で「終わり」「極致」の意味が出てきます。

同じように，C点にいる人がA点，B点に至るのも up to が使えるのです。つまり，A, B, Cの範囲を目標とする場合は，up to を用います。また，D点にいる人がAやB，C点に至る場合にも，up to が使えます。

---

(1) Please come **up to** this place.
　（ここまでいらっしゃい）
　　come は「近づく」ですから，come up to this place で「この場所まで近づいて至る」という意味になります。

---

(2) Let's get **up to** the mountain top without a break.
　（途中で休まないで，山頂までこのまま登って行こうよ）
　　get は「向かう」，up to the mountain top で「山頂まで達する」ですから「山頂まで達してから」という意味になります。

(3) Why didn't you make **up to** him?
(なんで彼に近づこうとしなかったんだい？)
　　make は「ゼロから進む，進める」という意味があります。この make に up to him，つまり「彼のところまで行く」をつけますと，「彼に（取り入れられるために）近づく」となります。

(4) I'll lead him **up to** the story.
(徐々にその話を彼にするつもりだ)
　　lead は「至る」「至らしめる」という意味なのです。up to the story は「その話の終わりに達するまで」，つまり「その話の一部始終を」という意味なのです。ですから，lead him up to the story で，「その話の一部始終を彼に何とかする」というニュアンスになります。

(5) That's none of your business. That's **up to** you.
(そんなことはオレには関係ない。君が決めることだよ)
　　none は「誰もが〜でない」「何も〜でない」といった意味があります。of your business は「君の仕事とくっついて離れない」，つまり「関係が深い」ですから，none of your business で「君の仕事と関係ない，密接なつながりがない」になります。
　　一方，up to は「行きつくところまで」ですから，up to you で「君のところまでとうとう来たよ」というニュアンスになります。That's up to you. では，「そのことは君にかかっている」「君が決めることだ」という意味になるのです。

Chapter 4 西村式『副詞＋前置詞』がいとも簡単にわかる！

他に up to の例をいくつかあげておきましょう。

① The sales total in this year won't come **up to** that of last year.
（1年たって，今年の売り上げは，昨年の売り上げには及ばないだろう）

② We have to wait until the water level is coming **up to** this.（ここまで水位が上がるまで待たないとね）

③ When did he go **up to** Tokyo?
（彼はいつ，東京へ行ったの？）

④ It's **up to** you.（それは君次第だね）

⑤ He went **up to** the mountain without a break.
（彼はひと息でその山を登った）

⑥ The plane went **up to** Hong Kong.
（その飛行機は，香港を目ざして飛び立った）

⑦ Please read **up to** page 24.
（24ページまで読んでください）

⑧ The temperature went **up to** 32 centigrade.
（温度が32度まで上がった）

2. up with「〜を加えて最後までやる」「〜を加えてちゃんとする」

　upは「最後まで」「とことん」「きちんと」といった強い意味でした。withはここでは「同時に〜を加えて」「〜が加わって」ですから，**up with**で「**〜を加えて最後までやる**」「**〜を加えてちゃんとする**」という意味になるのです。

---

(1) A: Where are you going to fit **up with** the air conditioner?

　　　（このエアコン，どこへ設置するつもりですか？）

　B: Up here.（ここですよ）

　　　fitは「準備して合わせる」「はめ込む」といった意味です。withが「同時に〜を加えて」ですから，fit withで「運んで合わせる（加える）」という意味となります。

　　　upは「行きつくところまで行きつく」という本質から，「ちゃんと」という強めの意味が派生してくるのです。

　　　ですからfit with the air conditionerで「エアコンを加えて（運んで）はめ込む」，つまり「エアコンを取りつける」という意味になります。

---

(2) I'm fed **up with** your excuses.

　（君の言いわけにはうんざりさせられたよ）

　　　fedはfeedの過去分詞ですね。feedには「〜を与える」という意味があり，fed with〜となると「〜を与えられる」にさらに何かを加えられるということで「十分食

べさせられる」「たっぷり与えられる」というニュアンスが出てきます。

さらに up が加わって fed up with ～では，「～を行きつくところまで与えられる」，つまり「～にうんざりする」「～に飽き飽きさせられる」という意味になります。

---

(3) I can't put **up with** such a coldness.
　（こんな寒さには耐えられないよ）
　　　put の意味は「～の方向に向かう（向ける）」，その結果「～におさめる（おさまる）」でした。up が「上の方向に向かう」ということから，put up で「とことん持ち上げる」「我慢する」の意味になります。
　　　そうすると，put up with a coldness の「寒さをどこかへ動かす」に，否定の can't が加わると「寒さを持ちこたえられない」というニュアンスが生まれてきます。

---

(4) I can't keep **up with** your way of thinking.
　（君の考え方にはついていけないよ）
　　　keep は「維持する」，up は「とことん」，with your way of thinking が「君の考えを（同時に加えて）」ですので，全体では「君の考え方を取り入れていては継続していけない」から，「君の考え方にはついていけない」という意味が出てくるのです。

---

(5) You can't work **up with** other workers if you idle away.
　（もっとがんばって仕事をしないと，ついていけなくなるよ）
　　　「怠惰な」は idle ですが，away を加えると「ずっと怠けている」「時間を浪費する」という意味になります。

with other workersで「他の職員に加わって」，つまり「他の職員に交じって」ですね。

work upは「仕事をきちんとして動く」つまり「仕事をきちんとやっていく」ですから，work up with other workersで「他の職員と交じって仕事をやっていく」となります。

3. up for「～を求めて」「～に向かって」「～を受けて」「～の代わりをして」

upが「尽きるまで」という意味ですから，up forで「**すべてを完全にしてしまう**」「**ちゃんとする**」という意味になります。

また，forには外部に向かう意味として「～を求めて」「～に向かって」，内部に向かう意味としては「～を受けて」「～の代わりをして」ですから，upをつけた場合には，動詞によっていろいろな意味が出てきます。

(1) He seems to be hard **up for** money.
（彼はお金に困っているようだ）
　　hardの意味が「堅い」，その結果「ことがスムーズにいかない」「厳しい」「困難である」です。
　　upをつけると「行きつくところまでとことん行ってしまう」というニュアンスが加わりますので，be hard upで「とことん厳しい」「ひどく困っている」という意味になりますね。
　　forは「～を求めて」ですので，全体で「お金に困っている」という意味が出てくるのです。

(2) I'm sorry to give you trouble. I'll make **up for** the expense for that.
(すみません。損傷を与えた分は弁償させていただきます)

makeには「ゼロから新たに〜を加える」というニュアンスがあります。

ですからmakeの意味を強めるupを加えると「新たに加えてちゃんとする」という意味になります。

makeは「作る」ということから，make upで「ちゃんと仕上げる」という意味に，また不足していたものをmake upすれば「不足を補う」になります。

make-upで「化粧」の意味が出てくるのも，make-upに「新たにちゃんと（顔を）仕上げる」という意味があるからなのですね。

さらに「〜を求めて」のforをmake upのうしろにつけると「〜するためにちゃんとする」という意味になります。

ここではmake up forで「迷惑をかけたものに対してお金をちゃんとする」「補う」というニュアンスから「弁償する」という意味になります。

(3) We want to stand him **up for** Mayor.
(何とか彼に市長になってもらいたいね)

stand him upで「彼に立ち上がらせる」です。

forをつけると，for Mayorで，「市長の地位を求めて」から，「彼が市長になるように立ち上がらせる」という意味になります。

(4) He is going **up for** the entrance exam for the company.
   (彼は今，その会社の入社試験を受けに行っています)
   　go up は，up が動作の終了を意味しますので，「行ってしまっている」というニュアンスになります。
   　for はここでは内部に向かう意味の「～を受けて」を使いますから，go up for ～で「～を受け取りに行っている」という意味になります。

---

(5) This story is **up for** the movie.
   (この物語は映画化されるものだ)
   　up は「動いて」「進んで」「最後まで」ですが, 他にも「目的通り機能を果たして」という意味もあります。
   　This story is up で「物語が語られる（機能する）」という意味になるのです。
   　go にも「動く」という意味があり，たとえば，The story goes like this. で「物語はこのように展開される」となるのです。
   　ですから up for ～は「～のためにある」「～を目的として考えられている」というように覚えておいてください。

ちょっと脱線！　特別講座

太陽と副詞の密接な関係①

　信じがたいかもしれませんが，副詞・前置詞と太陽の動きは切り離して考えられないのです。

　では，太陽と副詞はどう関係しているのでしょうか。
　太陽は東の水平線から昇り，西の水平線に沈みます。日の出は生命の誕生を意味します。そして太陽の恵み，神の恵みを受けて，両親に育まれ，時と共に成長するのです。

　また太陽はイエスキリストの象徴とされ，キリストは罪深い人間を救うために人間と一体化し，人間を聖徒としていると旧約聖書に書かれています。ですから人間の誕生は聖徒の誕生であり，めでたいことでもあります。

◎太陽の動きと from
　from は fr- が「もともといたところから離れる」，その結果「変化する」「別のところに移っている」「元の姿と変化する」「元の姿と違う」を意味します。
　ですから from は「もともと許されて放たれる」を意味します。

Where are you **from**?（どこの出身ですか？）

　もともと from の fr- の本質は「罪を持った身＝拘束の身」を表し，「罪が解かれて自由の身に放たれること」を意味するのです。
　そのため，「どこから命を与えられたのか？→どこから来たのか？→どこの出身なのか？」という解釈へつながります。

（p.231 につづく）

5 down + 前置詞

1. down to

　up to が A, B, C の三角形の領域であるのに対し，down to は A, C, D の三角形の領域を占めます。
　A から D へ，C から D へはもちろんのこと，A から C, または C から A に至るのも down to なのです。

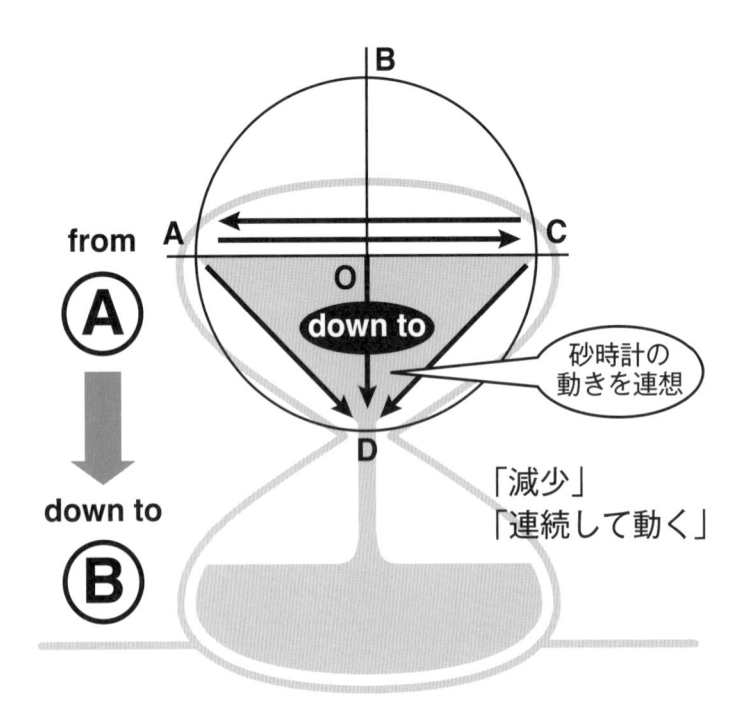

from
(A)
↓
down to
(B)

down to

砂時計の動きを連想

「減少」
「連続して動く」

downの意味は，「直ちに，または離れて（行動を開始して）」という意味でした。そしてその方向としては「下に向かう」，その結果「力が弱くなり」ついには「力が尽きる」でしたね。
　また<u>downにはto, with, away, for, onなどの前置詞，副詞を強める働きもあります。</u>

　このdownにtoをつけると，「**downという方向に向かって**」，つまり「**下の方まで達する**」「**～まで弱って**」「**～するまで減少して**」「**～の手に渡って**」「**～の手に伝えられて**」という意味が出てくるのです。

---

(1) Now come **down to** this spot.（さあ，降りておいで）
　　「下の方に降りてくる」ですから，方向からcome down to ～を用います。逆に「上の方まで行く」はcome up to ～ですね。
　　2者の間では「行く」も「来る」もcomeです。

---

(2) Last year the sales amount went **down to** two hundred thousand dollars.
　　（昨年の売り上げは20万ドル台に落ち込んだ）
　　「落ち込む」は「～まで下に向かう」という意味ですから，go down to ～を使います。

---

(3) From the rich **down to** the poor people were satisfied to hear that.
　　（その話を聞いて，金持ちも貧しい人も喜んだ）
　　downには「下に進んで」「ずっと下に及ぶ」という意味があり，toで強めて「～に至るまでずっと」になり

ます。
from A down to B で「A から B に至るまでずっと」というニュアンスが出てきます。

---

(4) I can't read **down to** the end of the book by today.
(今日1日だけでは，最後まで読めません)
to the end of ～で「～の終わりまで」, down が「ずっと」ですので, read down to the end of ～で「最後までずっと読む」という意味になりますね。

---

2. down with 「持っているものを離して下に置く」

(1) **Down with** it, please. (それを下に降ろしてください)
この場合の down は副詞ではありません。ここでは「下にやる」「うち負かす」「飲み込む」などの動詞になるのです。ですから, down with ～で「持っている～を下にやる」, つまり「～を降ろす」という意味になるのです。まぎらわしいので，気をつけましょう。

ちょっと脱線！ 特別講座

太陽と副詞の密接な関係②

◎**太陽の動きと on**

　on は時をずっと連続し，どこまでも「連続する」を意味します。

Please go straight on this way, you can find it on your left side.（まっすぐ行くと左手にそれが見えてきますから）

この場合の on は「左手に見えてくる」を表すのです。

　皆さんは on を「～の上に（接触している状態）」と学んだかもしれません。しかし，面の中に食い込んでいるのもすべて on を用います。

You find it on the wall.（壁側にそれがあります）

　on はいつも「我々から見れば対面方向にある」を意味し，太陽が東から昇り，西に沈むまでの対面方向に見えるものを意味すると考えてください。

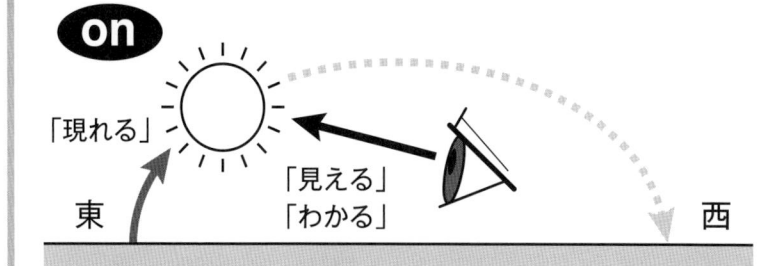

（p.233 につづく）

6 out + 前置詞

1. out for

　in for が「すでに〜に向かっている」「すでに〜する予定になっている」「〜を受けることになっている」という意味があるのに対して、out for は「**〜に向かって出ていく**」「**〜する目的で出ていく**」という意味になります。

---

(1) He went **out for** shopping.（彼は買物に行った）
　　out for 〜 で「〜する目的で出ていく」ですから、
　　shopping をつけて、「買物に出ていく」となります。
　　同じように go out for 〜の型で、
　　go **out for** a walk が「散歩する」、
　　go **out for** hiking が「ハイキングに出かけていく」
　　になります。覚えておいてください。

---

(2) He looked **out for** a bicycle.
　　（彼は自分の自転車を探しに行った）
　　ただ単なる「探す」は look for でいいのですが、「探し求めて行った」には「遠くに」というニュアンスがありますので look out for を用います。

ちょっと脱線！　特別講座

太陽と副詞の密接な関係③

◎太陽の動きと up

「太陽が出てくる動き」は，副詞としての up の動きを象徴しているといえます。up の本質は「**上の方向に**」「**現れる**」「**見えてくる**」を意味し，距離，空間，隔たりを「**補う**」ことを意味します。

◎太陽の動きと in

on は太陽が時を刻む方向を表すので，後戻りを一切許さない前置詞ですが，対する in は太陽によって刻印された**軌跡**，**結果**を表します。すでに「**結果が加わっている**」「**ある範囲に入っている**」ことを表すのです。

そのため，on と in は相反する方向を意味しているといえます。

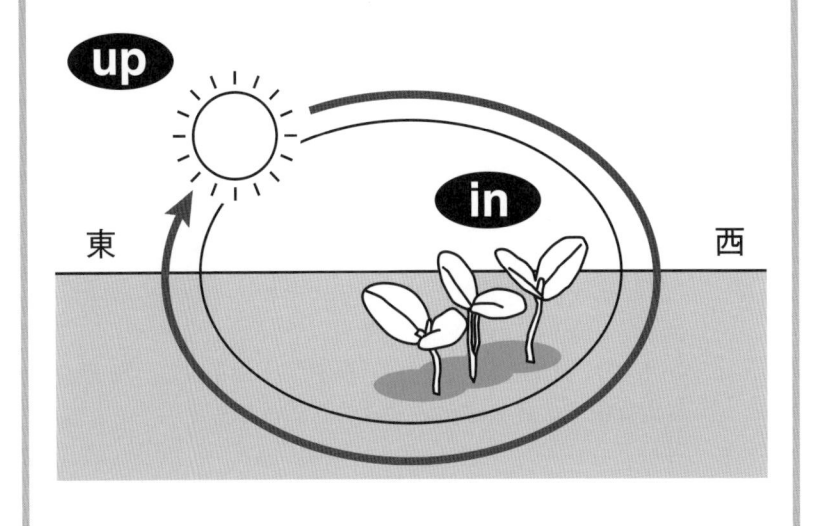

233

7 through + 前置詞

1. through with

through は「ずっと」「継続して」,その結果「(ことを)終えて」という意味です。
with は「同時に加わって」「関与,関係,接触して」といった意味が出てきます。
ですから through with で「**関係していることを終える**」という意味なのです。

---

(1) I don't know why he was **through with** her.
（どうして彼は彼女と縁を切ったのだろう）
through with her で「彼女との関係を終える」,つまり「縁を切る」といった意味が派生してきます。

---

(2) I'm very glad to be **through with** the job without any trouble.（その仕事を無事に終えて,ホッとしたよ）
with the job で「その仕事に加わって」, through は「終えて」ですから, through with the job で「その仕事を終えて」という意味になります。
with は「関係に携わって」「触れて」「開いて」などの英文解釈上の意味が出てくることになります。

Chapter 5
西村式『形容詞＋前置詞（副詞）』が
いとも簡単にわかる！

かわいい女の子が転校してきた。

彼女はどういうわけか僕に親切だ。

毎日学校へ行くのが楽しい。

さて，このことを英語で日記にしたためよう。
She is kind（彼女は親切だ），「僕に」は何だっけ？
for me だったかな？　それとも to me だったかな？

——なんて迷った経験はありませんか？
（わからなかったら p.92 ～と p.158～ を読み直しましょう）

ここでは『形容詞＋前置詞（副詞）』について説明します。

1 形容詞 + at

「一瞬，もしくは一時的に〜して」

at の意味は「一瞬，もしくは一時的に動いて加わる」です。ですから形容詞 + at は「一瞬，もしくは一時的に〜して」という意味になります。

この形の場合，形容詞 + at のあとに動詞 ing もしくは動作に必要な名詞を持ってくることになります。
実は at は with と同様のニュアンスがあるのです。
with はアメリカ英語で多用され，at はイギリス英語で多用されます。

---

(1) You'll be **at** our party tomorrow, won't you?
　　（明日パーティに来ていただけますよね？）
　　　これは，at our party に，「パーティに同時に加わる」という意味があるため，ここでは with と同様に at が使われるのです。

---

(2) I have **a poor hand at** working as a salesperson.
　　（私はセールスの仕事が苦手だ）
　　　「動いて加わる」は at ですから，at working 〜 が使えます。

Chapter 5　西村式『形容詞＋前置詞（副詞）』がいとも簡単にわかる！

(3) You'd better not be **angry at** such a think with him.
（彼からそんなこと言われたぐらいで，あんまり怒るなよ）
　　at には「（一時的に）〜を受けて」という外部から内部に向かう動作の意味がありましたね。
　　「彼からそんなことを言われて」は「彼からそんなことを一時的に受けて」ということですから，at が使えます。
　　また，with him の with は「〜と同時に関わる」を表しています。

　このように，「なぜ，そのような状態になったのか」を説明する場合には，**「状態と結果がほぼ同時に加わる」**から形容詞＋ at が使えるのです。

(4) I'm very **pleased at** hearing her words.
（彼女の言葉を聞いてうれしかった）
　　「彼女の言葉を聞いてうれしかった」は，「言葉を受け取る」という意味ですから，pleased at 〜が使えます。

(5) I was **surprised at** hearing his story.
（私は彼の話を聞いて驚いた）
　　「彼の話を受けて驚いた」わけですから，ここでも at が使われます。

(6) I'm **bad at** calculations.（僕は計算がどうも苦手だ）
　　「計算という動作が加わる」ですので，at calculations ということになります。

2 形容詞 + in

「動作や状態が完了している」

in の意味は「～がすでに加わっている」ですので，形容詞 + in で「動作や状態が完了している」ことを表します。
ですから動作や状態が習慣上，または体験を伴う場合は，in を用います。

---

(1) He is **interested in** reading books, isn't he?
(彼は読書に興味があるのですね？)
　　in の「すでに加わっている」という意味から，「習慣上，または体験してきたことに興味がある」というニュアンスが生まれてきます。

---

(2) All he has to do is (to) say "I love you" to her. Why can't he say so? He is **weak in** courage.
(彼は勇気がないなぁ。ひと言「好き」と言えばいいだけなのに)
　　「ただ～すればよい」は all he has to do is (to) ～です。「勇気」は courage です。
　　しかも，勇気とはその人に備わったものですから，「すでに加わっている」という意味で in を用いるのです。

(3) He is **similar in** appearance to his father.
（彼はお父さんにそっくりだ）

「外見」は appearance です。そして「外見」はすでに加わっているものですから，in を用います。

---

(4) He is very **strong in** (= at) cards.
（彼はトランプがめっぽう強い）

「トランプが強い」は，トランプ遊びという，これまでに何度もやった体験に基づいていますから，「すでに加わって」つまり in なのです。ただ，この場合 at も使えます。

3 形容詞 + with

「～したと同時に…だ」「～したとたんに…だ」

　glad や pleased は「うれしい」という意味の形容詞です。
　また，with は「**同時に動いて**」その結果「**同時に加わる**」でした。ですから，「～したと同時にうれしい」「～したとたんにうれしい」といった場合は，glad with, pleased with が使えるのです。
　なお，with は「一時的に見て，聞いて」のように，**感覚に作用する場合**に多く用います。

　たとえば「私はこの本がとても気に入った」は，「私はこの本を手にしたと同時にうれしい」というように発想できますので，I'm very pleased with this book. となります。

---

(1) There's something **wrong with** my watch.
　　（僕の時計はどうも調子がおかしいみたいだ）
　　　「調子がおかしい」「調子が悪い」というのは，一時的な現象ですので，with my watch を用いるのです。
　　　同じように，
　　　What's the matter with you?（どうしたの）も，「問題が相手に一時的に生じた」というニュアンスがありますから，with が使われるのです。

Chapter 5 西村式『形容詞＋前置詞（副詞）』がいとも簡単にわかる！

(2) It's all **right with** me.（私はかまいませんよ）

「かまわない」という状態が「一時的に同時に私に加わる」ですから，with me が使われます。

---

(3) He seems to be **angry with** me about that.
（彼はそのことについて怒っているみたいだ）

「彼が怒っている」という状態が「一時的に同時に私に加わる」わけですから，angry with me となります。

---

(4) That'll be **different with** us.
（そんなこと，われわれには関係ありません）

「われわれには関係ない」は，否定の状態が「一時的に加わる」わけですから，with が使われます。

---

(5) A: She is **big with** child.
B: She is **great with** a baby.
（A, B とも，[彼女は妊娠している]の意味）

「妊娠している」は，さまざまなニュアンスがあります。あまり品はよくありませんが，big with child で「赤ちゃんが同時に加わっておなかが大きくなった」というニュアンスになります。

また，great with a baby なら「彼女に赤ちゃんが同時に加わってすばらしい」というニュアンスになります。

(6) I'm **busy with** arranging the documents.
　（私は書類の整理に忙しい）

　　「書類の整理に忙しい」は「書類整理という仕事が同時に加わって忙しい」という意味ですから，busy with 〜 が使えます。しかし，通常 with のあとに〜 ing が来る場合は with（または in）を省略して，busy arranging 〜とするか，もしくは busy to arrange 〜の形を用いるのが一般的なのです，念のため。

(7) Things went **hard with** him, didn't they?
　（これは，彼にとっては面倒なことになったね）

　　「面倒な状態が彼に加わった」というニュアンスから，with を用います。

おわりに

『西村式英語学習法』はいかがでしたか？

前置詞が「動き・空間・距離・方向・時間」の意味を帯びることによって，英語の表現手段が何倍にも膨れ上がることがおわかりいただけましたか？　まさに「**英語は前置詞**」なのです。

前置詞に限らず，**英語の意味は1つの日本語訳では表現しきれないものです**。今日限りで「1つの英語＝1つの日本語」という考え方とはお別れしましょう。

英語学習において，「テキストの暗記のくりかえし」も大切なのですが，それよりも「**何をどうするか（＝原因）**」「**何がどうなるか（＝結果）**」を念頭において，想像力を働かせながら会話することの方が，言葉に命が吹き込まれ，より伝わりやすい英語になるといえます。

私は日本の英語教育を真っ向から否定しているのではなく，数学を勉強しているのとは違い，**英語の勉強法に正解はない**ということを皆さんに伝えたいのです。

日本の大学入試の英語で，30点以下だったネイティブが出てくるのも，「何がどうなる，何をどうするのか」という訳が人によって多少異なるからです。

学校で習ったことも大事ですが，それとは異なる方法であっても，自分にとって有効なものならどんどん吸収していきま

しょう。

　言葉はコミュニケーションの伝達手段です。自分の言いたいことを正確に相手に伝えられたら，十分なはずです。相手の言いたいことが正確にわかったならば，それで十分なはずです。

　この「日常生活における十分なはず」のレベルへ達することは，実はそんなに難しいことではないのです。あくまで「**あなたが英語を楽しむ心**」と「**あなたの意志と発想力**」があってのことですが。

　私の本を読んで英語の楽しさを知ってもらえたなら，英語教師としてこれ以上の幸せはありません。

　「もっと西村式メソッドで学習したい！」と思ったあなたはぜひ『**英語が１週間でいとも簡単に話せるようになる本**』（明日香出版社），『**１週間集中！　中学英語でここまで話せる**』（明日香出版社）これらの既刊本にも目を通してみてください。

　これらはいずれも，中学校で習う程度の英語を用いてネイティブと会話ができるようになることを可能にする本で，私の自信作でもあります。これを読んでも英会話がダメな方がいたら，私は英語教師を辞める意気込みで書きました。

　おかげさまで，これらはご好評をいただき，ロングセラー商品となっています。

おわりに

　なお，音声で学習したい方のために，『西村式』語学教育研究所のホームページ (http://nishimurashiki.net/) には，動画と音声で英会話学習ができる，**『西村式』イングリッシュライブラリ (http://www.english-library.net/)** を開設しています。

　リスニングやスピーキングの学習はもちろんのこと，簡単に多くの単語を学習する方法や英文の組み立て方も解説しています。楽しく迫力ある講義ですので，興味のある方はぜひご利用ください。

　英語は異国のことばですから，何十年勉強しても，ネイティブには及びえないほど，奥の深いものです。極めようとしても，極められないのが語学というものです。でも，気後れせず，コツコツと歩んでいってください。必ず感動が待ち受けています。
　きっと「**英語を勉強していてよかった！**」と思える瞬間があるでしょう。

　英語学習には「継続は力なり」という言葉がピッタリとあてはまります。しかし，どんなに難しい長文読解や，ハイスピードのヒアリングよりも，実は，「継続すること」が一番難しいのかもしれません。
　ときどき勉強がつらくなったりしたら，「**日常会話は easy-going（気軽に）で行こう**」と自分を励ましましょう！

私も半生を懸ける意気込みで，英語教育の核を求め，今日まで研究と実践を続けてきましたが，まだまだ「英語を極めた」という実感はありません。「日本人の英会話力向上」に貢献するという終わりなき旅は末永く続きます。

指導者の皆さんへ

Nishimura's method will drive the learners toward far more fruitful destination to understand the core of English through an above-34-year struggle and study with the learners and native speakers, so I will never give you any bit of regrets as far as you are not a fault-finder because the Nishimura's method is far beyond a school English in a way of thinking. Please ask me if you find what you can't understand after reading this book.

Our teaching target is paving a way to lead the learners to arrive at better destination.

I wish that you will never miss billion dollars of the Nishimura's English lessons.

Thank you.

Yoshihisa Nishimura

■著者略歴
西村 喜久（にしむら よしひさ）

元早稲田大学エクステンションセンター講師、西村式語学教育研究所株式会社　代表取締役
1943年11月17日京都市生まれ。京都外国語大学英米語学科卒業。同時通訳、企業向けの翻訳のかたわら、これまでの英会話、英語教育そのものに疑問を抱き、滋賀英会話学院（1970年～1996年）を設立。独自の英語教育を実践。"英語は限りなくやさしくなければならない"という英語教育の核を求め現在もその研究と実践に取り組む。
2008年　日本文芸アカデミー　ゴールド賞を受賞
＜主な著書＞
『英語が1週間でいとも簡単に話せるようになる本』（明日香出版社）、
『1週間集中！　中学英語でここまで話せる』（明日香出版社）などがある。

---- ご意見をお聞かせください ----
ご愛読いただきありがとうございました。本書の読後感想・御意見等を愛読書カードにてお寄せください。また、読んでみたいテーマがございましたら積極的にお知らせください。今後の出版に反映させていただきます。

☎ (03) 5395-7651
FAX (03) 5395-7654
mail : asukaweb@asuka-g.co.jp

すごい！　英語(えいご)は前置詞(ぜんちし)だ！

2011年　5月10日　初版発行

著　者　西村　喜久（にしむら　よしひさ）
発行者　石野　栄一

明日香出版社

〒112-0005 東京都文京区水道2-11-5
電話 (03) 5395-7650（代　表）
　　 (03) 5395-7654（FAX）
郵便振替 00150-6-183467
http://www.asuka-g.co.jp

■スタッフ■　編集　早川朋子／藤田知子／小野田幸子／金本智恵／末吉喜美／古川創一／久松圭祐　営業　小林勝／浜田充弘／渡辺久夫／奥本達哉／平戸基之／野口優／横尾一樹／後藤和歌子　経営企画室　落合絵美　総務経理　藤本さやか

印刷　株式会社美研プリンティング
製本　根本製本株式会社
ISBN 978-4-7569-1463-7 C2082

本書のコピー、スキャン、デジタル化等の無断複製は著作権法上で禁じられています。
乱丁本・落丁本はお取り替え致します。
©Yoshihisa Nishimura 2011 Printed in Japan
編集担当　黒沼明子

英語が1週間でいとも簡単に話せるようになる本

西村 喜久：著

定価（税込）1,575 円　B6 並製　212 ページ　2008.04 発行
ISBN978-4-7569-1185-8

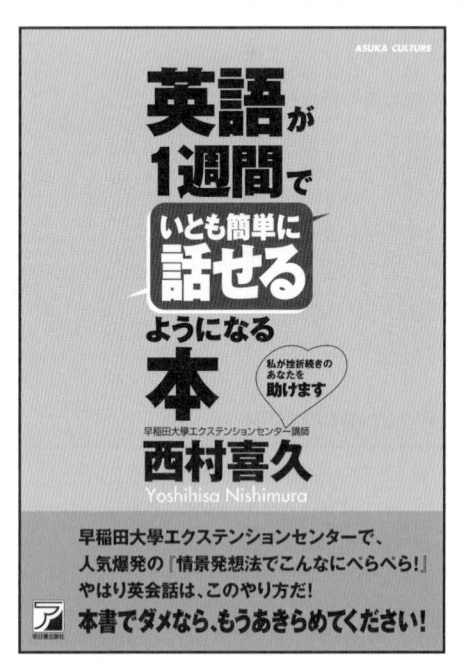

手ごたえ十分の特効・英会話教本

英会話は、だいたいが＜日本語＝英語＞の単語や言いまわしを見つけようとして、頭の中が真っ白になって、ギブアップ！
西村式は、言いたいことを自分なりの表現にする方法（情景発想法）を会得させてくれるので、短期間で英会話のコツがつかめる！